名师名校名校长

凝聚名师共识
回应名师关怀
打造名师品牌
培育名师群体

陆明远题

走向思维

洪方煜　张春梅 / 主编

中国文联出版社

图书在版编目（CIP）数据

走向思维 / 洪方煜，张春梅主编. -- 北京：中国
文联出版社，2024. 6. -- ISBN 978-7-5190-5529-5

Ⅰ. G633.302

中国国家版本馆CIP数据核字第202456ZW47号

主　　编　洪方煜　张春梅
责任编辑　刘　旭
责任校对　秀点校对
装帧设计　刘贝贝　李　娜

出版发行　中国文联出版社有限公司
社　　址　北京市朝阳区农展馆南里10号　　邮编　100125
电　　话　010-85923025（发行部）　010-85923091（总编室）
经　　销　全国新华书店等
印　　刷　三河市龙大印装有限公司

开　　本　710毫米×1000毫米　　1/16
印　　张　15.5
字　　数　240千字
版　　次　2024年6月第1版第1次印刷
定　　价　58.00元

编委会

按辔徐行向佳境

——从一节公开课谈思维的培养与提升

《普通高中语文课程标准（2017年版）》明确提出了语文学科核心素养的四个方面：语言建构与运用、思维发展与提升、审美鉴赏与创造、文化传承与理解。对于写作而言，其本质是思维训练，我们尤其需落实思维能力这一要素。那么，具体到一堂课，如何将新课标的这一理念落到实处？这方面，孙元菁老师的"让说理走向佳境"给我们做了一个示范。下面我们以这节课为例，具体探讨思维如何培养与提升的问题。

这是参加省优质课比赛最终获得一等奖的一节课，应海亮教育集团邀请，孙老师在海亮实验中学又演绎了一次。孙老师的课堂分导入、探究、写作、提升、总结、作业几个板块。从概念辨析到写作实践，到修改提升，到作业布置，几个板块是层层推进的。具体到思维层面，这节课有很多地方可供我们借鉴。

一、关于思维抓手的选择

思维，简单而言，是思考的维度，是偏于抽象的一种能力。这种能力需依附于具体的物象，即人、事或物才得以呈现。这具体物象，我们可称之为抓手，而能作为抓手的物象，往往具备一些特性，如比较新颖，能激发学生的兴趣；有表层与深层的因子，能做不同层面的解读；能做多角度的观照，

如历史的、时代的、社会的、人性的……孙老师显然考虑到了这些因素，选择了诺贝尔文学奖中的特例——将"文学奖颁发给一个民谣歌手"作为抓手，素材新颖，价值取向多样，很有讨论的价值，可供挖掘的内涵丰富。孙老师在抓手的选择上慧眼独具，让学生在40分钟的课堂上始终保持了高度的注意力。

二、关于思维的一以贯之

在抛出鲍勃·迪伦是否应该得诺贝尔文学奖的问题后，为了防止学生的思维打滑，孙老师给学生界定了讨论的范式："对象+态度"，让所有的课堂教学，都围绕这一核心展开。为了让学生的思考与思维走向清晰，孙老师对学生讨论结果的表达还做了进一步的圈定："观点+理由"。因为有了这样的界定，课堂上师生所有的活动，都围绕鲍勃·迪伦与诺贝尔文学奖的关系展开，表明自己的态度，阐明自己的观点，并从不同角度说明了自己的理由。这种一以贯之的做法，使得整节课学生的思维发展沿着一条主线，如按辔徐行，渐入佳境。这对学生思维习惯的养成、思维严密度的建立、阐述主张时论据与观点的一致性等，都有着莫大的好处。

三、关于思维支架的搭建

对于鲍勃·迪伦的话题，学生比较感兴趣，但只停留于浮光掠影的了解，对其作品缺少深入的认识。针对学生认知情况，孙老师在课堂上第一次搭建了支架，引用了鲍勃·迪伦比较经典的两首歌词——《答案在风中飘荡》和《尊严》，带领学生深入品读，学生从中读出了对战争的疑问，对人生的思考，对和平的渴望，对穷苦人民的同情，歌词寄寓了时代和社会意义。这个支架搭建的效果是极为明显的，在随后学生的发言中，两个学生的理由都说得很到位：（学生1）他的歌词可以当作一首诗歌来品读，从他的作品中能品读出诗意；（学生2）他的歌词语句优美，却时时透露出对社会对人民的担忧，体现出他的人道主义思想。学生很自然地按"观点+理由"展开论述，指向了内容与形式两个层面。

关于对象的确定，学生的思维一时没有打开，孙老师马上从颁奖方作了引导，适时补充了以下两则材料：

［材料一］瑞典文学院对鲍勃·迪伦的评价：他把诗歌的形式以及关注社会问题的思考融入音乐中，他的歌充满激情地表达了对民权、世界和平、环境保护以及其他严重的全球问题的关注。

［材料二］1953年，英国首相温斯顿·丘吉尔凭借《第二次世界大战回忆录》获得瑞典文学院颁发的诺贝尔文学奖。瑞典学院给丘吉尔的颁奖词中提到他的获奖理由：由于他在描述历史与传记方面的造诣，同时由于他那捍卫崇高的人的价值的光辉演说。

补充材料后，孙老师让学生比较丘吉尔与鲍勃·迪伦的共性，读出了鲍勃·迪伦歌词的深刻含义，对鲍勃·迪伦的理解更深入了一层。

四、关于思维的逐层推进

高中生有初步的思维意识，但这种意识是凌乱的、模糊的、不确定的，在这思维发展的关键时期，我们老师的作用是引导，通过追问、补充、阐释等方式，在引导中让学生的思维走向有序、走向清晰、走向确定。老师在问题的探讨中，需要有意识地对学生的思维养成稳步推进，不作为或操之过急，都会产生反作用。这方面，我们举一个教学片段为例，来分析一下孙老师对学生思维的引导作用。

师：瑞典文学院颁奖给鲍勃·迪伦，他们看重的是什么？他们打破了什么？

生1：作品有崇高的思想。

生2：文字有承担灵魂的责任。

生3：打破了文学领域，向全部领域开放。

师：这几位同学说得好，作品要有文学价值，要对社会、对人民有巨大的贡献。那么，贡献的共性是什么？

生4：维护人民的权利。

师：范围有点小。我建议减掉一个字，你会减掉哪个字？

生5：关注的是人，维护人的权利。

师：关注人，在高中阶段大家还学过一篇由外国诺贝尔文学奖获得者写的小说，还记得吗？

生6：《流浪人，你若到斯巴……》

师：这篇文章的作者在1972年获得诺贝尔文学奖，获奖的理由是他关注了战争和政治力量给普通民众带来的毫无意义的苦难，被称为"德国的良心"，那么丘吉尔与鲍勃·迪伦应该被称为_____的良心？

生7：人的良心。

生8：时代的良心。

生9：社会的良心。

我们很清楚地看到，正是孙老师的步步引导，学生的思维空间逐步打开，思维逐层推进，逐渐变得清晰、完整。

五、关于思维的训练与提升

写作课，不单要口说，更要有下笔的过程，这实际上是思维的整理与训练的过程。这方面，孙老师舍得拿出时间让学生当堂写作。更重要的是，无论是到讲台上板演，还是当堂训练，孙老师都给学生留了足够的时间，听课者也欣喜地看到，学生第二次的写作，较之第一次，在思维的开阔与有序上，有了本质的飞跃。

我们不妨看一个学生的片段。老师在布置了"从瑞典文学院的角度，写下鲍勃·迪伦的获奖理由"后，有个学生是这样写的：

他的创作透露着强烈的人道主义精神，是时代与社会现状的折射。无论是其中表达的反战主题，还是对下层人民的关心，都体现了作为一个歌手对社会责任的积极担当，对社会现状的深刻批判。瑞典文学院表彰的不只是单纯的文学形式，更是文字背后承担的重量，以及所折射出的对人的关怀，对历史、对现实的深刻剖析。

显然，这样的文字，无论思维的深度、厚度、广度，都有了积极的发展，表明了学生对鲍勃·迪伦的认识有了更深层的把握。

孙老师对思维的提升不局限于此，她进一步从关联词的角度，让学生将自己写的文段，加进"不仅是……""而且是……""更是因为……""反过来说……"等文字，让学生对思维的严密性做润色与修改。从学生交流的文段看，他们的文字更具有了一种理性与逻辑力量。文章不厌百回改，显然，写作的修改，正是思维提升的绝佳途径。

六、关于思维放与收的处理

课堂教学是一门灵动的艺术，这种艺术于老师而言，是火候的把握，是教师合适的介入。这一点，在学生思维的放与收上体现得尤为明显。放，是为了让学生开阔思维，大胆说，放开说；收，则是让思维路径有章可循，让学生能依样画葫芦，迅速掌握思维的一些简单技巧。

孙老师课堂的前半段，对于鲍勃·迪伦是否应该获诺贝尔文学奖的讨论，着重从鲍勃·迪伦的角度说理由，学生说了许多理由后，孙老师恰如其分地做了"收"的工作：总览学生的理由，不外乎鲍勃·迪伦歌谣的内容与形式，或将两者结合起来三方面，让学生明白了思维的通常路径。

课堂后半段，对于瑞典文学院的讨论，由于学生的语言表达不够规范，孙老师对论述语言与抒情语言、陈述语言以示范的形式，做了这样的比较与界定。

抒情语言：鲍勃·迪伦，人们叫你"民谣之父"，人们叫你"摇滚之王"，人们叫你"精神领袖"。

陈述语言：鲍勃·迪伦，被人们称为"民谣之父""摇滚之王""精神领袖"。

论述语言：鲍勃·迪伦之所以被赋予"民谣之父""摇滚之王""精神领袖"这样的称号，不仅是……而且是……更是因为……反过来说……

这样的收束与小结，让学生明白了论述语言所具有的强大的逻辑性，而在后面的发言中，学生不自觉地用上了孙老师总结的语言套路，这对论述语言的规范是极有好处的。

同样，对于论述如何走向佳境，孙老师也从"有理"与"有力"两方面作了归结：有理包含事件的内容、内涵事件的意义、影响主客体多方的立场；有力包含观点明确、论证充分、逻辑清晰。

通过一节家常的作文课，孙老师以清晰的思路、灵动的教学，让学生懂得了说理如何渐入佳境的常见途径，具有极强的操作性。学生无论是分析能力还是语言表达能力，都得到了有效锻炼，这与孙老师重视学生思维能力的养成和课堂本身具备严密的思维力量是分不开的。

编 者

2023年10月于江南长城畔

目录

第一篇　高中语文必修上册教学设计

第二篇　高中语文必修下册教学设计

第三篇 高中语文选择性必修教学设计

第一篇

高中语文
必修上册教学设计

写一首意味深长的诗

——《峨日朵雪峰之侧》教学设计

姜雪心

一、学习目标

1. 体味诗歌中"雪峰""太阳""蜘蛛"等意象营造出的凝重而壮美的氛围。

2. 品味诗歌的语言，分析诗句的结构，感受诗中蕴含的谦卑而强劲的生命力量。

3. 理解现代诗歌写作的基本方法，学写一首诗歌。

二、课堂情境

青春，在人的一生中是弥足珍贵的。品读青春诗篇，点燃对青春价值的思考，让我们的生活多一些"诗味"。在校团委与语文组联合举办"少年情怀总是诗"活动之际，开展诗歌创作比赛。

三、具体任务

任务一：触动诗情，激发兴趣

同学们，今天这节课我们要一起来完成一个任务——写一首意味深长的诗。在座的同学有谁写过诗吗？今天我们要在40分钟内写一首诗，而且要写一首意味深长的诗，看起来是个不可能完成的任务。不过，越有难度就越有挑战，说不定我们班会有同学受到这节课的启发而成为诗人。

大部分同学都没怎么写过诗，但应该都读过诗。请同学们分享一下自己喜欢的诗歌，朗诵自己最喜欢的诗句。

示例：

《雨巷》：我希望逢着/一个丁香一样的/结着愁怨的姑娘

《我爱这土地》：为什么我的眼里常含泪水？/因为我对这土地爱得深沉……

《致橡树》：爱——/不仅爱你伟岸的身躯，/也爱你坚持的位置，/足下的土地。

《断章》：明月装饰了你的窗子，/你装饰了别人的梦。

《面朝大海，春暖花开》：从明天起，做一个幸福的人

青春年少是最适合读诗歌的，大家有没有读过觉得很难懂的诗呢？今天我们就通过读一首很难懂的诗——《峨日朵雪峰之侧》，来完成一件很有挑战的事——写一首意味深长的诗。

任务二：感悟诗情，探寻形象

活动一：初读诗歌，感受诗歌形象。

请同学们齐读诗歌，根据自己的初读感受，说说这是一首写什么的诗。

（PPT呈现：这是一首写_____的诗）

这是一首写__登山感受__的诗。

如果请你用一个形容词来形容读到的感受，你会用什么词？（紧张、刺激/快慰、欣慰/危险、恐惧/雄伟壮观/顽强、奋斗不止/孤独、艰难）

诗人是如何表达这些情绪感受的？

明确：诗人为了表达爬雪山的感受，运用了太阳、石砾、巨石、血滴、千层掌鞋、蜘蛛等直观的形象，还运用了山海、嚣鸣、军旅、雄鹰、雪豹等联想的形象。

归结起来我们会发现，作者用了视觉上、听觉上还有联想到的一些形象来表达登山的感受。

（PPT呈现：写一首意味深长的诗，要用形象来表达情感）

课堂小练：用形象来表达喜欢一个人。

请同学们齐读诗歌，圈出所有形象：薄壁、峨日朵之雪、太阳、山海、石砾、棕色深渊、嚣鸣、军旅、指关节、巨石的罅隙、血滴、千层掌鞋、雄鹰、雪豹、岩壁、蜘蛛。

思考这些形象是否都与登山有直接关系，从而明确诗歌中的形象有很多与主题（登山）没有直接关系，是作者个人化的使用。写新诗要用形象来表达情感，除了一般的、直接相关的形象之外，我们还可以用一些特别的、个性化的形象来表达情感。

活动二：比较阅读，感受诗歌结构。

1979年后，昌耀一再挑选已编集的自己的作品，并对1967年以前的早期诗歌，往往多有删改乃至斧削，更有推倒重来的再创作。《峨日朵雪峰之侧》从初稿到最后定稿将近20年的时间，请同学们小组合作，找出《峨日朵雪峰之侧》前后两个版本的区别，并谈谈改动后在表达效果上的不同。

PPT呈现初稿。

峨日朵雪峰之侧

这是我此刻仅能征服的高度了：
我小心翼翼地探出前额，
惊异于薄壁那边
朝向峨日朵之雪彷徨许久的太阳
正决然跃入一片引力无穷的山海。
石砾不时滑坡引动棕色深渊自上而下的一派嚣鸣，
像军旅远去的喊杀声。我的指关节铆钉一样
揳入巨石罅隙。血滴，从脚下撕裂的鞋底渗出。
啊，此刻真渴望有一只雄鹰或雪豹与我为伍。
在锈蚀的岩壁但有一只小得可怜的蜘蛛
与我一同默享着这大自然赐予的
快慰。

（1962年8月2日）

明确：

1. 词语的修改

初稿"我小心翼翼地探出"，定稿把"小心翼翼"改成了"小心"，表达效果不一样了，"小心翼翼"的程度比"小心"要强，更加谨慎、胆怯，可能是20年后诗人心理强大了，再回想爬雪山时觉得并没有那么恐惧了。

初稿是"此刻真渴望"，定稿后把"此刻"去掉了。"此刻"强调的是在爬的那个时刻，是具体的时间点，也比较短暂，主要体现在爬山当下的渴望，定稿去掉后就不受时间限制了，表达出一直都很渴望，有种从过去到现在，始终都有这种与强者一起并肩为伴的期待。

初稿是"脚下撕裂的鞋底"，定稿改成"撕裂的千层掌鞋底"，"千层"表达出鞋底很厚很牢固，但还是撕裂了，更能凸显出爬山的艰难。

小结：几处词语的变动，主要描述登山的艰难程度在心理上发生了变化。

2. 词语的移位

"山海"一句，从"惊异于"开始有三行，定稿后诗人把"山海"这个词语回行，从三行改成了四行，原本就是写太阳下山，强调"跃入"这个动作，修改后"山海"被凸显出来，山海更深，深渊也更深，能让读者体会到登山者周围的一切都在下沉。还有，用"海"形容"山"，展现出有很多座山，爬山的难度增加了。句子分行调整后，山海和后面一句的石砾视觉上就连在一起了，登山的危险性被放大了。

诗的最后一句"快慰"两个字移到了开头，可能诗人有意识地把这三个词语拎出来了。"山海"写出了山连绵成片、巨大、繁多，可能象征面临的危险和挑战非常大且多。"血滴"是写爬山的难，登山者要非常坚强、顽强地攀登，甚至流血牺牲都有可能。最后的"快慰"是付出后的收获，是拼尽全力后能感受到收获或者是一定程度上的成功的喜悦和安慰。

小结：词语的移位，使诗歌的表达效果、情绪状态发生了变化。

3. 句子的分行

"在锈蚀的岩壁"这一句里，"但有一只小得可怜的蜘蛛"从初稿中连在一起到终稿分到了下一行。在同一行就削弱了"蜘蛛"，分行后蜘蛛的地位身份变高了，变成了主语。上面雄鹰和雪豹是连在一起的，而蜘蛛是单独一行的，就有了对比，特别是"小得可怜的蜘蛛"和我一起，有种很哲学的意味。诗人这么辛苦努力爬到雪山上，心里想的是雪山上的王者，最后却和蜘蛛一同享受风光。

"石砾"一句分行调整，最后定稿是"引动……嚣鸣，"单独成行；"我的指关节铆钉一样"回行与"揳入巨石鳞隙"连在一起单独成行。"引动嚣鸣"这里分行是在石砾滑坡这个画面的描述上把听觉的冲击和震撼写出来了，"棕色深渊"指的是雪覆盖下的群山，"自上而下"写出了巨大的轰鸣声，山谷应该还会有回声，这种声音充斥着整个山谷，给人很磅礴又有些恐惧的感觉，这样视觉和听觉都被放大，登山者在山之侧压迫感、紧张感陡增。"我的指关节……"这里单独分行后与后面"揳入巨石鳞隙"连在了一起，这里"我"的动作连贯性很强，更有一种"我"紧紧地插入巨石的缝隙里来维持自己的稳定的感觉，那种危险、刺激和紧张就更明显了。

"血滴"这里的分行——"血滴"两个字成了开头，原本的"血滴"接在"鳞隙"的后面，定稿后是将"血滴"句单独一行，说明全身都很艰难，"血滴"作为主语，单独在前面，这样更能体现出登山的代价是很大的，是要面临流血牺牲的，是极其艰难的。

小结：从描写的角度看，句子分行的变化，使得表达的中心转移，诗歌的层次更加分明了；表达的内容更加清晰，使登山感受更加深化、鲜明，并且，象征和自喻的意味凸显出来。

4. 段落的变化

定稿的版本诗歌是分成了两节。第一节写的是看到的风景，感觉都在下陷、往下掉，主要写"我"攀登得非常艰难，第二节写的更多的是内心的感受，获得了快慰，和前面的紧张刺激形成了对比。就这只小蜘蛛对我来说意义很大，好像有种豁然开朗的感觉，体现诗人到最后有种满足的感觉。

总结：20年间作者修改了一些词汇，也给文章分节了，但最突出的其实是几处词语的移位和分行。移位后的词语在视觉上更鲜活，在表达效果上有了强化情感的作用，诗中分行之处共有四处之多，在表情达意、视觉效果、音节押韵等多个维度上让诗歌更加立体，更加丰盈。由此，我们可以在这两点上向诗人学习，写一首意味深长的诗，可在诗歌完成后在遣词造句上再做斟酌，学会将富有表现力的词语进行移位以及采取一些独特的分行。

PPT呈现：写一首意味深长的诗——特别的形象；词语移位；独特的分行、分节。

任务三：写下我们的青春诗篇

请同学们运用课上所学，以"走过田野"为话题，尝试写一首意味深长的诗。

四、课堂总结

昌耀是一个孤独的诗人，他的诗作中有一种震撼人心的壮阔、深沉，也有无可逃脱的忧郁和迷惘。他饱经风霜，从苦难中挣扎出来，通过诗歌追寻和捍卫生命本真的尊严。希望同学们课后再反复品读昌耀的诗作，期待同学们能从中汲取到生命的力量。也希望，通过这一首诗的学习，同学们能多读诗，读好诗，也多多尝试写诗。

 附

《峨日朵雪峰之侧》导学案

一、作者简介

王昌耀，笔名昌耀，湖南桃源人。1950年参军，1951年春赴朝鲜作战，其间曾两度回国参加文化培训。1953年"停战协定"签字前十余日，身负重伤，从此永远离开了部队。1955年赴青海参加大西北开发。在坎坷时期，遭受了二十余年的挫折与磨难。1979年重返文坛，任青海省作协副主席、荣誉主席，专业作家。1985年加入中国作家协会。著有《昌耀抒情诗集》《一个

挑战的旅行者步行在上帝的沙盘》《昌耀的诗》等。他被誉为"中国新诗运动中的一位大诗人""诗人中的诗人""中国当代最杰出的诗人之一""当代诗歌史上的一个传奇"。

二、作品背景

本诗初稿写于1962年8月2日。曾写下长诗《凶年逸稿》的昌耀早已提前进入冷寂和沉闷的状态，所以，此时的昌耀可以在写作诗歌时掺入理智和清醒，用以观照和揣摩这一时段的冷寂和沉闷。这便是他的短诗《峨日朵雪峰之侧》产生的机缘。昌耀的诗歌都有强烈的主观色彩，就这首短诗而言，诗人一方面在观照和描摹外在的时代背景，另一方面又以此为通道，走入自己内在的世界，观照和揣摩自己的心理时空。

三、解题

"峨日朵"是现在的海北藏族自治州祁连县峨堡镇的老百姓对"峨堡"一词的口语发音。"峨日朵雪峰"便是峨堡乡境内的祁连山脉中一座或者几座小雪峰，它们原本没有自己独立的名字，被诗人用作诗中的一个远景。

四、字词预习

薄壁（　　　）　　　　　　石砾（　　　）

铆钉（　　　）　　　　　　揳入（　　　）

罅隙（　　　）　　　　　　彷徨（　　　）

嚣鸣（　　　）　　　　　　锈蚀（　　　）

五、研习探讨

1. 整体感知：读完这首诗，你有什么样的感受？

2. 诗人说我"惊异于"，诗人惊异什么呢？

3. 诗人不着重描写"雄鹰""雪豹"，却选择写一只小小的"蜘蛛"，有何意图？

六、绘制思维导图

请诵读诗歌，绘制思维导图（可从意象、手法、主旨等角度思考）。

示例：

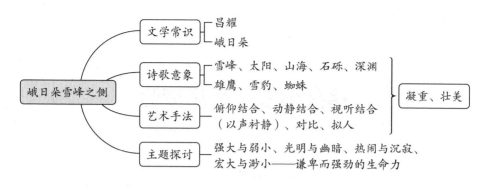

点亮细节，诗化传情

——《百合花》教学设计

梁芳芳

一、学习目标

1.学习用心理活动、典型细节来刻画人物形象的方法。

2.体会战争语境中的诗化表达，理解文章的叙述风格。

3.感受小说中的军民鱼水情，引导学生树立正确价值观。

二、课堂情境

电影《百合花》上映已有40余年，青年电影制片厂决定在忠于原著的基础上重拍《百合花》。目前，重拍制作已经基本结束，导演组正在为上映做预热工作。他们打算剪辑电影预告片，设计电影海报，并为它们设计推荐语。

预告片具体要求：

> 选材：《百合花》
> 时长：8分钟
> 主要镜头：一个长镜头（3个短镜头构成）+
> 一个特写镜头（结尾）
> 工作人员/演员：小组成员

三、具体任务

任务一：选择镜头，陈述点评

你们组会将哪5个镜头设置为长镜头来构成微电影的主要内容？你们为什么选择这样的组合？请陈述理由。（点评可从选择方案、理由陈述两方面进行补充或质疑）

（1—3）分派任务—（4—7）一路"竞走"—（8—23）对面闲聊—（24—25）主动请缨—（26—29）劝说返回—（30—34）借到被子—（35—41）想还被子—（42—43）通讯员告别—（44）新媳妇到来—（45—47）思念家乡—（48—50）发起总攻—（51—52）照顾伤员—（53—59）通讯员牺牲

场景	具体时间 （实际发生时间）	篇幅长短 （文本叙述时间）
一路"竞走"（4—7）	一大早到下午两点 （8小时）	半页
对面闲聊（8—23）	十几分钟	一页
借到被子（30—34）	十几分钟	一页
发起总攻（48—50）	天黑了到半夜 （6小时）	小于半页
通讯员牺牲（53—59）	几分钟	一页

为什么选择这些镜头？

示例：因为它们包含了青春流逝之伤，祈求和平之歌，善良纯洁之性，人性美好之思，军民鱼水之情……

任务二：对比两版电影结尾，展开小组合作探究

观看一小段截取自1981版电影《百合花》的结尾（播放视频），对比原电影《百合花》，如果是你，你会如何设计预告片最后的定格画面，并陈述理由。小组展开合作探究，小组长负责汇总意见，并推荐一人汇报交流。

场景	时间	地点	人物	环境
原电影	白天	通讯员墓前	文工团女兵的背影	荒地、远山芦苇
微电影	？	？	？	？
小说	晚上	包扎所	通讯员、新媳妇	月光、百合花被

提示：定格画面往往是突出细节描写的场景，细节描写是小说中的重要艺术表现手段，对塑造人物形象起着非常重要的作用。本篇小说的细节描写生动传神，茅盾在评论《百合花》时指出，"用前后呼应的手法布置作品的细节描写，其效果是通篇一气贯穿，首尾灵活"。请同学们从这一角度细读小说，找一找作品中的细节描写，并从推动故事情节发展、反映人物心理、表达主题等角度探究其作用。

学生可能会出现以下答案。

1.两次写通讯员枪筒里插的树枝和野花

（1）肩上的步枪筒里，稀疏地插了几根树枝，这要说是伪装，倒不如算作装饰点缀。

（2）看见他背的枪筒里不知在什么时候又多了一枝野菊花，跟那些树枝一起，在他耳边抖抖地颤动着。

2.两次写给"我"开饭的两个馒头

（1）在自己挎包里掏了一阵，摸出两个馒头，朝我扬了扬，顺手放在路边石头上。

（2）但我无意中碰到了身边一个什么东西，伸手一摸，是他给我开的饭，两个干硬的馒头……

3.三次写新媳妇的印有百合花的被子

（1）这原来是一条里外全新的新花被子，被面是假洋缎的，枣红底，上面撒满白色百合花。

（2）我看见她把自己那条白百合花的新被，铺在外面屋檐下的一块门板上。

（3）……那条枣红底色上撒满白色百合的被子，这象征纯洁与感情的花，盖上了这位平常的、拖毛竹的青年人的脸。

4.四次写衣服上被门钩撕破的衣洞

（1）我手里已捧满了被子，就一努嘴，叫通讯员来拿。没想到他竟扬起脸，装作没看见。我只好开口叫他，他这才绷了脸，垂着眼皮，上去接过被子，慌慌张张地转身就走。不想他一步还没有走出去，就听见"嘶"的一声，衣服挂住了门钩，在肩膀处，挂下一片布来，口子撕得不小。那媳妇一面笑着，一面赶忙找针拿线，要给他缝上。通讯员却高低不肯，挟了被子就走。

（2）他已走远了，但还见他肩上撕挂下来的布片，在风里一飘一飘。我真后悔没给他缝上再走。现在，至少他要裸露一晚上的肩膀了。

（3）我猛然醒悟地跳起身，磕磕绊绊地跑去找医生，等我和医生拿了针药赶来，新媳妇正侧着身子坐在他旁边。她低着头，正一针一针地在缝他衣肩上那个破洞。

（4）新媳妇却像什么也没看见，什么也没听到，依然拿着针，细细地、密密地缝着那个破洞。我实在看不下去了，低声地说："不要缝了。"她却对我异样地瞟了一眼，低下头，还是一针一针地缝。

任务三：设计海报，展开小组合作探究

导演组还要设计一张电影海报，但是为"小通讯员""新媳妇""我"三个人物谁应该占据海报的C位而争论不下，请作为原著爱好者的你来发表意见。小组展开合作探究，小组长负责汇总意见，并推荐一人汇报交流。

我们可以从现有的电影《百合花》海报版本中选择，也可以自己设计海报。

补充三个人物形象如下。

小通讯员：憨厚腼腆，单纯质朴而又内心温暖，关心他人；身处战争的硝烟之中，而又热爱生活，充满朝气；理想信念纯粹，不畏牺牲奉献。

新媳妇：俊俏娴静，善良纯真，内心通透，深明大义，关爱他人。

"我"：青春文艺，向往美好，观察细致，感情细腻，积极热情，关心他人。

提示："小通讯员""新媳妇""我"三个人物互相温暖，共生共长，共同闪耀着青春美好的人性，成为人们在艰难时期度过困难的精神力量，所以三个青年都是主角，没有主次之分。

小结：文艺评论家李准曾说："没有细节就不可能有艺术作品。"生动的细节描写，造就了形象鲜明、各具特色的一群美好的青年形象，我们通过镜头的选择、海报的设计这样几个活动，体会了小说细节描写在推动小说情节发展和刻画人物性格方面的强大作用，还通过人物形象的分析，感受了战火中的青春美与人性美。

任务四：写片头旁白，学叙述视角

活动一：重拍经典电影《百合花》，为了让观众了解故事背景，导演组请你为《百合花》写一段旁白，置于片头。

请展示旁白并进行点评。

旁白拟写的评价标准：①与原作贴合的程度层级；②语言的表现力层级。

电影旁白的作用：①交代故事背景；②表达人物内心情感；③确定叙述故事风格。

活动二：分一分，比一比。请根据叙述人称的不同为旁白分类，并比较这两种叙述。

类型1：以作者的第三人称视角叙述。

类型2：以剧中人物的第一人称视角叙述。

比一比：比较两种不同叙述视角的特点。

明确：类型1偏客观，自由灵活，有利于展现故事全貌；类型2偏主观，有真实性，有利于塑造人物形象。

活动三：辩一辩，想一想。

你觉得电影旁白的视角选择是否需要与文本叙述视角一致？

明确：第三人称旁白更灵活，无论原文是何种人称，都可以用第三人称旁白；而第一人称旁白具有局限性，只能用于原文是第一人称的作品。

小结：第一人称叙述往往是有限视角，真实亲切，拉近与读者的距离，留给读者想象空间，如《百合花》；第三人称叙述往往是全知视角，客观灵活，拉开与读者的距离，有利于展现人物群像，如《哦，香雪》。

任务五：写电影推荐语

写一段适合电影风格的推荐语。体味战争语境中的女性表达，品味诗化小说的语言，体会文学表达的个性化与多样性。

活动一：了解作品的不同风格。

在传统意义上战争小说应该呈现一种什么样的风格？茹志鹃的作品与传统小说的风格是否一样？

提示：《百合花》曾两次遭遇退稿。编辑认为其"感情阴郁""不够昂扬"，不符合当时流行的战争色彩浓厚的革命题材小说要求。但是茅盾做出了如此评价："我以为这（《百合花》）是我最近读过的几十个短篇中最使我满意，也最使我感动的一篇。"

活动二：朗诵课文，赏析语言，体味文风。

文段1：

我朝他宽宽的两肩望了一下，立即在我眼前出现了一片绿雾似的竹海，海中间，一条窄窄的石级山道，盘旋而上。一个肩膀宽宽的小伙儿，肩上垫了一块老蓝布，扛了几枝青竹，竹梢长长的拖在他后面，刮打得石级哗哗作响……这是我多么熟悉的故乡生活啊！我立刻对这位同乡越加亲热起来。

文段2：

早上下过一阵小雨，现在虽放了晴，路上还是滑得很，两边地里的秋庄稼，却给雨水冲洗得青翠水绿，珠烁晶莹。空气里也带有一股清鲜湿润的香味。要不是敌人的冷炮在间歇地盲目地轰响着，我真以为我们是去赶集的呢！

文段3：

啊，中秋节，在我的故乡，现在一定又是家家门前放一张竹茶几，上面供一副香烛，几碟瓜果月饼。孩子们急切地盼那炷香快些焚尽，好早些分摊给月亮娘娘享用过的东西，他们在茶几旁边跳着唱着："月亮堂堂，敲锣买糖……"或是唱着："月亮嬷嬷，照你照我……"我想到这里，又想起我那个小同乡，那个拖毛竹的小伙，也许，几年以前，他还唱过这些歌吧！

用恰当的词语来形容一下茹志鹃作品的风格。

提示：语言风格清新自然，朴实俊逸。作者善于以清新淡雅的笔触表现细腻柔和的优美，把一个流血牺牲的战斗故事，写得充满诗意。诗化的语言弱化战争背景，专注情感描写；以女性体验为本位，疏离主流叙事倾向；用细腻化的细节描写，弘扬人性的美好。

四、课堂总结

《百合花》是一篇诗化小说，重意象，重象征，淡化情节，利用环境描写、场景描写，尤其是细节描写等手段营造充满诗情画意的情感氛围，进而凸显小说主题。

附

《百合花》导学案

一、知识链接，了解作者创作风格

茹志鹃在1958年春天写了小说《百合花》。这篇美丽的作品美丽了许多人的心灵。它被纳入中学语文课本。茹志鹃因为写了《百合花》，自己也成了一朵流芳百合，而百合这种名不见经传的草本植物，因为茹志鹃而变成千古百合，这都是真的。中药堂里边最动听的药名当推百合，百合百合，细细品味两遍，真是满口噙香。茹志鹃的葬礼在上海举行。她的遗照披挂着白纱，这很容易使我想到一个纯洁的灵魂正从百合花下悄然离去。她33岁写了《百合花》，在此之前，她还写过话剧剧本及《妯娌》《关大妈》等多篇短篇小说，但影响不大。《百合花》之后，又写过多篇，如《高高的白杨树》《静静的产房》《三走严庄》等，影响也未超过《百合花》。可以这样说：百合一开四十年，茹志鹃清香为百合。1958年3月号的《延河》，温润的油墨香还没有完全干透，读者们就发现了这道清鲜的文学佐餐，他们争相传递着一个信息：茹志鹃的《百合花》值得读。为什么呢？因为以往战争题材小说往往穿着一个裁缝做的"铠甲"，生硬裹住脆弱。虽然鲁迅说过，无情未必真豪杰，但是在中华人民共和国成立初期的文学作品中，谈论情感二字的确很奢侈。无法抒情，只好靠描写紧张的场面来烘托主题。而《百合花》一反"常态"，柔软细腻，剥开外衣，突出灵魂。要的是真性情。这样，读者的眼界一下子给擦新了、擦亮了。所以，当时的文学评论说：茹志鹃是一个创新。清新扑面，这样的小说简直不是写出来的，是刚从山坡上采摘下来的，还带着晶莹的露水呢，嗅一嗅，鲜润透腹。茹志鹃是谁？人们关心她了，想探知她了。同年的《人民文学》第六期茅盾做了一篇《谈最近的短篇小说》的文章，谈的主要就是茹志鹃的《百合花》。茅盾是带着欣喜若狂的心情来评说的，我在这儿摘抄几段，以飨读者："我所举的那些例子中间，《百合花》可以说是在结构上最细致、严密，同时也是最富有节奏感的。它的人物描写也有特点，是由淡而浓，好比一个人迎面而来，愈近愈看得清，最后，不但让我们看清了他的外形，也看到了他的内心。""这些细节描写，安排得这样自然和巧妙，初看时不一定感觉到它的分量，可是后来它就嵌在我们脑子里……""一般说来，在五六千字的短篇小说里写两个人物（而且是差不多不分主次的两个人物），是不太容易处理的，但《百合花》的作者处理得很好。全篇共六千余字，开头两千字集中写通讯员，然后引出第二个人物（新媳妇），用了五六百字集中写她，接着把这两个人物交错在一处写，而最后，又集中写新媳妇，可是同时仍然在烘托通讯员，因为读者此时抑不住感动的情绪，一半是为了新媳妇，一半也是为了通讯员———不，主要是为了通讯员，也可以这样说。"茅盾不惜重墨，给我们评析了一篇经典作品，这在文学大家庭里也是一处感人的细节，而最感人的细节是《百合花》里边19岁小通讯员枪筒里插的山菊花。这朵可爱的鲜花在战斗打响之前还盛开在小战士的枪筒里，战斗一打响，花朵就不见了，小战士也不见了，战争与和平，美丽与凄婉，茹志鹃用她的笔轻轻一拨，便拨得这样动人心弦。记得在中学里读《百合花》时，老师拿出比平时多两倍的课时，来品评这篇文章，而在这个细腻的过程中，我的女老师曾两度流下热泪。小战士和山菊花，这个经典细节是在老师泪水的浸润下印入我脑海的。所以，快二十年的生活摩擦，它一直像块铜像一样璀璨。多年来我也在留心茹志鹃，希望从报章中见到她的身影。她是怎样的一个人呢？热爱《百合花》的人们都在热爱她，想知道她。尤其想知道她是怎样创作《百合花》的。茹志鹃说："战争使人不能有长谈的机会，但是战争却能使人深交。有时仅几十分钟，几分钟，甚至只来得及瞥一眼，便一闪而过，然而人与人之间，就在这一刹那里，便能够肝胆相照，生死与共。"

二、初读文本，梳理文章结构

开端（1—23）	通讯员带"我"去包扎所（带路）
发展（24—42）	新媳妇借给我们被子
（43—50）	新媳妇和"我"在包扎所救护
高潮（51—55）	新媳妇给通讯员缝衣（牺牲）
结局（56—57）	新媳妇执意献出新被子

三、研读文本，分析小说人物形象

1. 新媳妇

这是一个年轻俏皮、善良质朴的普通农妇，是一个有着纯洁心灵的活泼女性。在人物出场时，作者直白地使用"脸扭向里面""尽咬着嘴唇""一肚子的笑料没笑完"等青涩而富蕴女性气息的神态，侧面烘托这个青年新媳妇捉弄小通讯员的玩味心态，突出了她性格中的纯美天真。在描述妇女支援包扎所的剧情安排中，又通过她"东张西望"着关怀同志和她将自己无私借出的新被褥"铺在外面屋檐下"等动作，进一步表明新媳妇善解人意的高洁品质。善良的新媳妇也是一个对部队心怀热情的普通农村妇女，始终对部队抱有亲切而又炽热的心。新媳妇是一个娴静、纯朴、善良、高洁的女人。无论是她借被帮助部队渡过难关的行为，还是当她在文章结尾义无反顾用嫁妆"新被褥"为通讯员送葬的真情举止，都可以看出她的真善质朴。

2. 通讯员

这是一个涉世不深、纯真憨厚、有点害羞的小伙子。从他总和"我"保持着一定的距离，看出他细心地关怀同志；从他的腼腆羞涩，看出他的朴实、纯洁；从他借被子而又想送回去的举动，看出他勇于改正错误的精神；从他掩护群众和伤员渡河，看出他舍己救人的高尚品德。

3. "我"

年轻的女文工团员，大战前夕，被派到前线包扎所帮忙。热情开朗，善于做群众工作。在与通讯员同行和借被子的过程中，对这个憨厚质朴的小同乡产生了一种比同志、比同乡更为亲切的感情。在包扎所帮助照顾伤员时，她心中还时不时想到通讯员，担心他在战场上会不会受伤，受了伤会不会被落下。对通讯员和新媳妇充满圣洁崇敬之情。

四、研读文本，探究文本的艺术特色

1. 小说选材讲究

作品将战火纷飞的战斗场面设为背景，将通讯员壮烈牺牲的情景通过担架员的叙述从侧面表现出来，就连通讯员第一次向新媳妇借被碰壁的冲突也没有作正面描写，从这些方面都可以看出作者取材是非常讲究的。

2. 构思巧妙

作品以新媳妇"那条枣红底色上撒满百合花的被子"作为贯穿全文的线索，以纯洁的百合花象征人物的美好心灵，将小说中的人物联系起来，从而构成一个完整的艺术整体，从一个特定的角度揭示解放战争胜利的基础和力量源泉，以小见大，意味深长。

3. 心理刻画细腻

作者通过细致而有层次的心理活动来刻画人物，例如小说就是通过"我"一系列心理变化，由远而近、由表及里、由淡而浓地刻画和凸显了通讯员动人的形象。

4. 细节描写生动

善于运用典型的细节描写也是这篇小说的特点，如通讯员枪筒中插的树枝和野花，他衣肩上的破洞，给"我"开饭的两个馒头，以及那条百合花被子等细节都在作品中重复出现，前后呼应，这些描写不仅渲染烘托出情境气氛，而且极生动地反映了人物的性格特点，使作品极富感染力。

青春在觉醒，在闪耀

——《哦，香雪》教学设计

谈 艳

一、学习目标

1. 梳理小说的故事情节。

2. 通过语言描写、心理描写等赏析香雪的形象，理解环境描写对塑造人物形象的作用。

3. 理解"铅笔盒"的象征意义，体悟小说主旨。

二、课堂情境

掩藏在大山那深深皱褶里的贫穷小山村被挟带着山外陌生、新鲜清风的呼啸而过的火车扰乱，一群纯朴善良、充满好奇心的山村女孩在停靠一分钟的小站上演绎了一段不平凡的人生岁月。今天让我们欣赏当代作家铁凝的优秀短篇小说——《哦，香雪》。

三、具体任务

任务一：理顺故事

文本的故事情节略显散乱，快速浏览课文，用简洁的语言复述故事。

示例：序幕——火车开进台儿沟。

开端——姑娘们欢喜迎火车。

发展——香雪渴望拥有铅笔盒。

高潮——香雪换回铅笔盒。

结局——香雪深夜归来。

任务二：赏析"香雪"这一人物形象

活动一：合作探究，完成表格，小组展示。

		文本中相关语段	香雪形象特点
乘客眼中的香雪			
伙伴眼中的香雪			
香雪自身言行	语言		
	动作		
	心理		

示例：

		文本中相关语段	香雪形象特点
乘客眼中的香雪		第4段，第5段，第47段	纯真，羞涩，纯朴
伙伴眼中的香雪		第8段，第36段，第50—61段，第69段	沉默，漂亮，好学，进取，自爱
香雪自身言行	语言	第53段	善良
	动作	第47段	渴求文化知识
	心理	第65段，第70段，第73—81段	坚毅执着，善良诚信

活动二：独立思考，圈点勾画，完成表格。

细读第72—79段。

当香雪拿着那个用四十个鸡蛋换来的自动铅笔盒从陌生的西山口车站独自夜归时，内心经历了哪些变化？结合小说中的环境描写尝试分析。

刚下火车	
欣赏铅笔盒	
想到台儿沟的明天	
想明天同学们羡慕的目光	
迎来姐妹	

示例：

刚下火车	害怕
欣赏铅笔盒	平静，满意
想到台儿沟的明天	担心，坚定
想明天同学们羡慕的目光	勇气，期待
迎来姐妹	开心，轻松

任务三：悟读主旨

活动一： "自动铅笔盒"有何象征意义？

朗读：第57—62段。

她们故意一遍又一遍地问她："你们那儿一天吃几顿饭？"她不明白她们的用意，每次都认真地回答："两顿。"然后又友好地瞧着她们反问道："你们呢？"

"三顿！"她们每次都理直气壮地回答。之后，又对香雪在这方面的迟钝感到说不出的怜悯和气恼。

……

其实，她们早知道桌角那只小木盒就是香雪的铅笔盒，但她们还是做出吃惊的样子……和同桌的铅笔盒一比，为什么显得那样笨拙、陈旧？它在一阵哒哒声中有几分羞涩地畏缩在桌角上。

示例："自动铅笔盒"不再是一个单纯的学习用品，而是具有了象征意义。象征着先进的文化知识、现代文明。香雪的行为，体现了她对文明和进步的主动追求。

活动二： 本文主旨的探讨。

小说通过对香雪等乡村少女的生动描摹，表现了山里姑娘纯朴、善良和美好的心灵，表达了姑娘们对山外的向往和追求。

四、课堂总结

作家孙犁在《谈铁凝新作〈哦，香雪〉》一文中说："这篇小说，从头到尾都是诗，它是一泻千里的，始终一致的。这是一首纯净的诗，即是清泉。它所经过的地方，也都是纯净的境界。"的确如此，文如其人，铁凝就是这样一位纯净的作家。只有心灵纯净的作家才能写出如此纯净的好作品。

 附

《哦，香雪》导学案

一、走向背景

《哦，香雪》是铁凝的代表作，于1982年获得全国优秀短篇小说及首届"青年文学"创作奖。小说描写的是"香雪"们天真烂漫、活泼向上的纯美形象，再现了山里姑娘的自爱自尊和她们对文明的追求，给人以生命美的启迪。小说以一个北方偏僻的小山村台儿沟为叙事和抒情的背景，通过对香雪等一群乡村少女的心理活动的生动描摹，叙写了每天只停一分钟的火车给一向宁静的山村生活带来的波澜，并由此抒发了美好而内涵丰富的情感。

二、初读文本，理顺情节

序幕：

开端：

发展：

高潮：

结局：

三、赏析人物形象

		文本中相关语段	香雪形象特点
乘客眼中的香雪			
伙伴眼中的香雪			
香雪自身言行	语言		
	动作		
	心理		

四、揣摩人物内心情感变化

刚下火车	
欣赏铅笔盒	
想到台儿沟的明天	
想明天同学们羡慕的目光	
迎来姐妹	

披沙拣金选材料，立德铸魂敬楷模

——《喜看稻菽千重浪》《"探界者"钟扬》联读教学设计

刘　佳

一、学习目标

1. 准确把握课文信息，分析人物精神品质。

2. 学习人物通讯以典型事件弘扬时代精神的写法。

3. 认识时代楷模的精神品质在当代的意义与价值。

二、课堂情境

校文学社打算在本年度社刊开辟"人物通讯"专栏，作为社团成员，现在你将要参加编辑部的学习优秀人物通讯共读会。

三、具体任务

课堂导入：播放袁隆平灵骨安放仪式和钟扬简介视频。

任务一：了解人物通讯，掌握阅读方法

通讯：一种以叙述、描写和评论等多种手法，真实生动地报道典型事件或人物的新闻体裁。

人物通讯：以写人物的思想和事迹为主的通讯。它以人物的新近行动为报道内容，重在表现人物的品质、精神面貌，通过个别显示一般，达到揭示时代特征、感染并且教育读者的目的。

阅读方法：①关注作者选用了哪些典型事件；②关注通讯在写人记事中突出的细节；③关注新闻多角度、多层次的写人手法。

任务二：读课文，把握人物通讯如何通过选取典型事例来弘扬时代精神

校文学社打算在本年度社刊开辟"人物通讯"专栏，作为社团成员，现在你将要参加编辑部的学习优秀人物通讯共读会。所有人拿到了两篇人物通讯：《喜看稻菽千重浪——记首届国家最高科技奖获得者袁隆平》（以下简称《喜看稻菽千重浪》）和《"探界者"钟扬》。今天的主题是：两篇人物通讯如何通过选取典型事例来弘扬时代精神？

活动一：初读文本，把握内容。

阅读《喜看稻菽千重浪》《"探界者"钟扬》两篇文章，按课文顺序梳理概括他们的主要事迹，并分析其中体现的精神风貌，完成思维导图。

示例一：

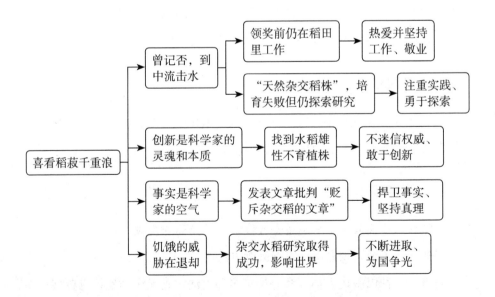

示例二：

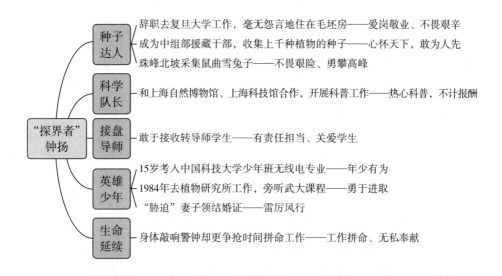

活动二： 为表现典型性，人物通讯在选材上有何特点。

1. 引入另一则《一粒种子的初心与梦想——追记优秀共产党员、复旦大学教授钟扬》和课文中的语段，分析所表现的人物精神，分别找一找补充资料和课文语段的选材特点。

补充资料：

野外科考的艰苦超乎人们想象，经常七八天吃不到热饭。钟扬和学生们饿了啃一口死面饼子，渴了就从河里舀水喝，"食物不好消化才扛饿，饥饿是最好的味精"。晚上，住的是牦牛皮搭的帐篷，因为严重缺氧，煤油灯很难点亮；冬天，盖三床被子也无法抵御寒冷，早上洗脸要先用锤子砸开水桶里的冰；路上，常常被突袭的大雨冰雹困在山窝窝里，车子曾被峭壁上滚落的巨石砸中……

"高原反应差不多有17种，在过去的十几年间，每次我都有那么一两种，头晕、恶心、无力、腹泻都是家常便饭。不能因为高原反应，我们就怕了是吧。科学研究本身就是对人类的挑战。"钟扬这样说，开玩笑般的"轻松"。

课文语段：

"那次，我们跟着钟老师去采集高山雪莲。我们从海拔5200米的珠峰大本营出发向更高的山地挺进时，钟老师出现了严重的高原反应，头痛欲裂、呼吸急促、全身无力，随时都会有生命危险。"这位同事回忆。

大家都建议钟扬待在帐篷里，他却说："我最清楚植物的情况，我不去的话，你们更难找。你们能爬，我也能爬。"最终，钟扬带着学生在海拔6000多米的珠峰北坡，采集到了被认为是世界上生长在海拔最高处的种子植物——鼠曲雪兔子，也攀登到了中国植物学家采样的最高点。

提示：补充资料表现钟扬勇往直前、吃苦耐劳的精神；课文语段表现钟扬工作拼命执着，二者共同体现人物通讯选材要围绕人物的精神品质。

2. 列出两篇人物通讯分别显示的袁隆平和钟扬的人物事迹和精神，思考分别体现人物怎样的身份特点，从而找出人物通讯第二个选材特点。

袁隆平	发现天然杂交稻的杂种一代但试种失败	探索创新，敢于挑战 实事求是，平和大度 勇于担当，不断进取
	寻找并发现天然雄性不育株	
	用事实反驳对杂交稻的贬斥	
	提出战略设想，规划并选育超级水稻	
钟扬	考入无线电少年班后转入植物学研究	倔强坚定，开拓进取 不重物质，扎根边疆
	不挑剔住房，潜心"种子事业"	
	西藏珠峰挑战极限采集种子	责任担当，关爱学生 工作拼命，甘当先锋
	以多种方式为青少年科普	
	接盘落选研究生	

提示：袁隆平的事迹和精神体现他作为科学家的身份，钟扬的事迹和精神体现他作为科学家、教育家、援藏干部的身份，从中可以看出人物通讯选材要具有人物的职业代表性。

3. 播放袁隆平视频并提问：视频中的袁隆平爷爷可爱、温柔、风趣，为什么这些能使人物生动丰满的事例却没有选入课文？这反映了人物通讯选材的什么特点？

提示：《喜看稻菽千重浪》记叙了袁隆平的优秀事迹和重大成果，表现他志向高远、开拓奉献、品格高尚、富有创新精神和坚韧不拔的意志。从中反映人物通讯第三个选材特点：要紧扣文章主题的需要。

凡是有利于突出主题的材料，都要有效地加以利用；一切游离于主题（即使游离得不远）的材料，不管它多么生动，则要毫不可惜地予以割爱。

——穆青《谈谈人物通讯采写中的几个问题》

活动三：致敬楷模，赓续精神火种。

阅读这两篇人物通讯，我们作为当代青年，未来党和国家事业的建设者与接班人，有什么样的感悟与启发？

补充资料：

要从党和国家事业发展全局的高度，坚守为党育人、为国育才，把立德树人融入思想道德教育、文化知识教育、社会实践教育各环节，贯穿基础教育、职业教育、高等教育各领域，体现到学科体系、教学体系、教材体系、管理体系建设各方面，培根铸魂、启智润心。

——习近平总书记

他是一位真正的耕耘者。当他还是一个乡村教师的时候，已经具有颠覆世界权威的胆识；而当他名满天下的时候，却仍然只是专注于田畴。淡泊名利，一介农夫，播撒智慧，收获富足。他毕生的梦想，就是让所有人远离饥饿。喜看稻菽千重浪，最是风流袁隆平！

——《感动中国》2004年年度人物袁隆平颁奖词

超越海拔六千米，抵达植物生长的最高极限，跋涉十六年，把论文写满高原。倒下的时候，双肩包里藏着你的初心、誓言和未了的心愿。你热爱的藏波罗花，不求雕梁画栋，只绽放在高山砾石之间。

——《感动中国》2018年年度人物钟扬颁奖词

任务三：传承劳动精神，学习作者写作笔法

模仿两篇人物通讯的笔法，选取身边一位熟悉的劳动者，拟写一则人物通讯的标题，并叙写一件富有典型性的事件，以表现人物的精神面貌。

四、课堂总结

在中国式现代化进程中，涌现出无数值得我们学习的时代楷模。《喜看稻菽千重浪》介绍了科学家袁隆平发现天然杂交稻、培育杂交稻，进一步选育"超级稻"的长期而艰难的历程。《"探界者"钟扬》讲述了科学家钟扬献身于种子事业、普及科学知识、悉心培养学生的故事，展现了他对"生命的高度和广度"的不懈探索。两篇人物通讯都注重选取具有典型意义的事件和细节描写来多角度表现人物"功成不必在我，功成必定有我"的高远情怀和奉献精神。两篇通讯报道人物形象丰满立体，内容真切感人，体现出作者鲜明的立场和态度。

 附

《喜看稻菽千重浪》《"探界者"钟扬》联读导学案

一、知识链接，追忆时代楷模

1. 袁隆平生平

袁隆平，江西省九江市德安县人。享誉海内外的著名农业科学家，中国杂交水稻事业的开创者和领导者，"共和国勋章"获得者，湖南省政协原副主席，国家杂交水稻工程技术研究中心原主任，中国工程院院士，被誉为"杂交水稻之父"。袁隆平名满天下，却仍然只专注于田畴，淡泊名利，甘心做一介农夫；已过古稀之年，却对大自然的探秘无休无止，他是一位真正的耕耘者。2001年2月19日，中共中央、国务院在北京人民大会堂隆重举行国家科学技术奖励大会。袁隆平、吴文俊获得首届国家最高科学技术奖。2021年5月22日13时07分，袁隆平因病医治无效在长沙逝世，享年91岁。11月15日上午，袁隆平追思会暨灵骨安放仪式在长沙市唐人万寿园陵墓举行。

2. 钟扬生平

钟扬，1964年5月生，湖南邵阳人。生前系复旦大学党委委员、研究生院院长、生命科学学院教授、博士生导师，中央组织部第六、七、八批援藏干部，教育部长江学者特聘教授，国家杰出青年科学基金获得者，长期从事植物学、生物信息学研究和教学工作。2017年9月25日，钟扬同志在去内蒙古出差途中遭遇车祸，不幸逝世，年仅53岁。2018年3月，中央宣传部追授钟扬"时代楷模"称号。

二、初读课文，把握文章内容和选材特点

1. 阅读两篇文章，按课文顺序梳理概括主要事迹，并分析其中体现的精神风貌，完成思维导图。

《喜看稻菽千重浪》思维导图：

《"探界者"钟扬》思维导图：

2. 在下面的表格空白处填写人物事迹所体现的精神品质，并思考分别体现人物怎样的身份特点。

袁隆平	发现天然杂交稻的杂种一代但试种失败	
	寻找并发现天然雄性不育株	
	用事实反驳对杂交稻的贬斥	
	提出战略设想，规划并选育超级水稻	
钟扬	考入无线电少年班后转入植物学研究	
	不挑剔住房，潜心"种子事业"	
	西藏珠峰挑战极限采集种子	
	以多种方式为青少年科普	
	接盘落选研究生	

三、研读课文，理解人物通讯的时代性和典型性

说一说：阅读这两篇人物通讯，我们作为当代青年，未来党和国家事业的建设者与接班人，有怎样的感悟与启发？

写一写：模仿两篇人物通讯的笔法，选取身边一位熟悉的劳动者，拟写一则人物通讯的标题，并叙写一件富有典型性的事件表现人物精神面貌。

劳动即生活

——《芣苢》《插秧歌》联读教学设计

樊庆辉

一、学习目标

1. 诵读诗歌，感知两首诗情感表达的清新、自然美。

2. 通过时空建构、联想与想象，还原劳动场景，建构劳动者形象，并理解艺术手法之于情感表达的妙处。

3. 能够从诗歌的历史语境中，体悟作者的情感立场，领悟诗中所蕴含的劳动观的当代价值与意义，助力精神成长。

二、课堂情境

同学们，随着虚拟现实技术的跨越式发展，"VR课堂"将变为现实。今天，我们通过联读《芣苢》《插秧歌》两首诗歌，借助想象和联想，进入"VR课堂"，进入诗歌中的劳动时空，为劳动者搭建劳动场景，再现劳动过程，深切体味劳动之美。

三、具体任务

任务一：朗读诗歌，创设"VR场景"

活动一：朗读诗歌，描述劳动场景，并为"VR场景"建构时空。

<table>
<tr><td>

芣苢
《诗经·周南》
采采/芣苢，薄言/采之。
采采/芣苢，薄言/有之。
采采/芣苢，薄言/掇之。
采采/芣苢，薄言/捋之。
采采/芣苢，薄言/袺之。
采采/芣苢，薄言/襭之。

</td><td>

插秧歌
〔南宋〕 杨万里
田夫/抛秧/田妇/接，小儿/拔秧/大儿/插。
笠是/兜鍪/蓑是/甲，雨从/头上/湿到/胛。
唤渠/朝餐/歇/半霎，低头/折腰/只/不答。
秧根/未牢/莳/未匝，照管/鹅儿/与/雏鸭。

</td></tr>
</table>

提示：按照四言诗和七言律诗的朗读节奏来读，前诗二二停顿，后诗二二二一或二二一二停顿，请按此格式描述劳动场景（劳动者是谁？在何时何地？进行着怎样的劳动？）。

明确：通过有节奏地朗读，同学们快速地进入了诗歌的叙事时空，分别准确地描述了一群劳动妇女在夏秋之季的原野之中采摘芣苢的场景和一家农户在春天清晨的田地中插秧的场景，给人以强烈的既视感、画面感。由此，我们知道前诗的时空是或夏或秋的原野，后诗的时空是春天晨曦微雨中的田地。

活动二：请同学们研读诗歌，并移情想象两诗中的劳动场景，为"VR场景"中的劳动者的动态设计提出合理化建议。

提示：借助思维导图，绘制劳动流程图，并在劳动过程中设计劳动者的动态形象。

《芣苢》劳动流程图：采 → 有 → 掇 → 捋 → 袺 → 襭

《插秧歌》劳动流程图：抛 → 接 → 拔 → 插

质疑：同学们绘制劳动流程图可谓立就，但流程图无法呈现劳动者劳动过程的动态美，无法实现"VR课堂"给予我们好的审美体验的美妙构想。

那么，我们该怎么办呢？

任务二：品词会意，探究形象

请同学们再次品读这几个动词，探究、建构劳动者的动态形象。（先自读再小组讨论）

提示：参读注释，并尝试模仿劳动者的劳动动作及体位姿态。

明确：《芣苢》中劳动者的劳动过程，其实是三组劳动动作："采""有"一组；"掇""捋"一组；"袺""襭"一组。第一组，劳动者体位姿态是蹲或半蹲，手上的动作是一采一有，一下一上，主要是呈现用三根手指进行的采摘动作；第二组，劳动者是半弯腰半蹲，便于快速移动的姿态，手上的动作是一掇一捋，即向下一把抓去，然后再向上一把撸取的动作；第三组，劳动者是站立的姿态，"袺"就是一手拎着衣襟，一手往兜着的衣襟里放车前子的籽粒的动作，而"襭"则是将装满车前子籽粒的衣襟掖在腰带上的动作。三组动作呈现出劳动者的劳动过程是一个由慢到快、由少到多、由不熟练到熟练的过程。

提示：你对《插秧歌》的劳动流程图是否有所质疑？小儿站在哪里比较合适？

明确：通过质疑，我们发现小儿应该站在其母身旁且紧挨其兄，同时，我们在探究中明白"拔"这个动作，描摹的不是小儿从育秧田里拔出稻秧，而是从其母亲接过来的稻秧捆中拔出一根秧苗。这个"拔"的动作类似于抽出的动作，不过之所以用"拔"不用"抽"，正如同学们所言，这个小儿年龄太幼，也就六七岁，还比较吃力。这种吃力的状态，一种可能是年龄小，力量不足；另一种可能是年龄小，劳动经验不足，还不够娴熟，好比是拔白头发，有一个寻找和迟缓的过程，活画出小儿的年幼与懵懂。

任务三：质疑形象，体悟情感

我们所建构的两诗中的劳动者动态形象，给人一种劳动体操式的动态美。那么诗人借助体操式的动态美，想要表达怎样的情感呢？请说说你的认识与理解。

质疑：这样的劳动体操式的动态美是否影响群体劳动的劳动效率？

明确：表达赞美之情，但劳动者的动态形象是影响群体劳动效率的。理由是：采摘芣苢亦如采摘野菜或到果园中进行采摘的劳动，整齐划一、步调一致的群体劳动是违背常识的；农夫一家的群体劳动，如果一直这样从"抛"到"插"地循环下去，且不说降低了劳动效率，单就从劳动分工来看，这对夫妻的抛接好似是休闲劳动，而小儿、大儿的拔插是艰辛劳动，不符合常理。

质疑：诗人所塑造的劳动者形象，难道真的是失真的吗？请再次想象劳动者真实的劳动场景、画面。

明确：通过联系现实生活经验，我们知道两诗中劳动者的动态形象应该是对多个生活化的、真实的劳动片段或劳动镜头的剪辑、拼接和艺术加工，是从真实的劳动场景中提炼出来的文学形象。诗人借助这种艺术加工过的文学形象，来表达自己对劳动者的赞美之情。

追问：那么诗人是以怎样的艺术手法来塑造文学形象，表达歌颂、赞美劳动的情感的呢？

明确：《芣苢》采用铺陈，即赋的手法，以及重章叠句，来歌咏、刻画、塑造一群欢乐的劳动妇女形象；而《插秧歌》则用白描、比喻和环境衬托来刻画人物形象，"唤"与"不答之答"形成了一个农夫紧张繁忙劳作的画面，这与"笠是兜鍪蓑是甲，雨从头上湿到胛"的紧张劳动画面、"抛、接、拔、插"的分工明确、齐心劳作的画面形成了组接，形成了紧扣紧张繁忙劳动的点面结合式的白描，为我们塑造了一个为抢夺农时而身寒、腹空、紧张繁忙劳作的农夫形象和农夫一家淳朴、自然、和谐的劳动生活。

任务四：书写"弹幕"，传承文化

还原两诗的历史语境，探究诗人的情感立场及所倡导的劳动观，并将此劳动观浓缩为一句警策之语，通过发"弹幕"的形式，呈现在我们所虚拟的"VR场景"中，作为本课的人文主题，作为我们在文化传承中养成正确劳动观的精神密码。

提示：本单元的人文主题是"劳动光荣"，所选文本大多是新闻通讯、新闻评论类的实用性文体，为什么编者要选两首农事诗？

明确：通过还原两诗的历史语境，我们知道两诗都具有民歌的属性，都在广泛的吟唱中，自然而然地倡导着劳动，倡导"民生在勤，勤则不匮"的劳动观和价值观，因此，我们可以知道，两首诗在特定的历史语境中，自然具有了广而告之的新闻属性。

提示：请结合两诗（四言古体诗、诚斋体）的语言特点，提炼警策之语。

明确：两诗语言清新自然、纯朴浅近，唱出了先民们的生活，唱出了先民们的幸福生活需要劳动，好似真实的劳动生活的再现，使劳动者的生活情趣跃然眼前，因此我们可以在"VR场景"中，书写弹幕——"劳动即生活"，作为本课的人文主题，作为我们在文化传承中养成正确劳动观的精神密码。

任务五：学以成人，撰写通讯

学以致用，学以成人。请同学们以"劳动即生活"为题，写一篇不少于500字的新闻通讯。要求真实地再现劳动者的劳动生活。

四、课堂总结

这堂课我们不但学习了鉴赏诗歌的方法，即如何进行"诗上会意"。同时，我们还学习了诗人如何通过对诗体和语体的巧妙选择，来真切地抒发情感。除以上两点之外，我们还通过还原历史语境的解读，发现了两首诗的新闻属性，一定程度上，可以视两诗为那个时代里的"新闻通讯"。从这个角度和层面来看，我们更为真切地体会到好的语言对于写好新闻通讯的重要作用和意义。一言以蔽之，好的新闻通讯要有诗一样的语言，抑或好的新闻通讯的语言要具有诗的特性。通过以上的深度学习，我们领悟到，从周到南宋到今日，"劳动即生活"既可以作为一课的人文主题，也可以作为中华民族的人文母题，是我们养成正确劳动观的精神密码，更是身为中国人自立、自强、自信的文化基因。

附

《芣苢》《插秧歌》联读导学案

一、知识链接

1. 关于《诗经》

《诗经》是我国第一部诗歌总集,共收录从西周初年到春秋中叶的诗歌305篇。先秦称其为《诗》,或取其整数称"诗三百"。汉代时被尊为经典,始称《诗经》,并沿用至今。

《诗经》按用途和音乐分"风、雅、颂"三部分,按内容分为社会政治诗、爱情诗、史诗。社会政治诗,对生活愤懑忧伤,抒发感慨,对政治或赞美或讥讽、抨击。爱情诗,歌颂美好的爱情。史诗,记载民族的历史,歌颂祖先的功勋;反映兵役、劳役给劳动人民带来的不幸。《诗经》中的诗歌形式以四言为主,多数为隔句用韵,在章法上具有重章叠句、反复咏唱的特点。

2.《诗经》六义

《诗经》"六义"指"风、雅、颂、赋、比、兴"。《诗经》中的《风》是周代各地的歌谣;《雅》是周人的正声雅乐,又分《小雅》和《大雅》;《颂》是朝廷和贵族宗庙祭祀的乐歌,又分为《周颂》《鲁颂》和《商颂》。

3.《诗经》在艺术手法上主要采用赋、比、兴的方法

赋:直接铺陈叙述,直截了当地表达所要陈述的思想感情,是《诗经》最基本的表现手法。朱熹:"赋者,敷也,敷陈其事而直言之者也。"如《邶风·击鼓》所言"死生契阔,与子成说。执子之手,与子偕老"。很直接、很热烈地将自己的爱情誓言表达出来。

比:比喻,明喻和暗喻均属此类。朱熹:"比者,以彼物比此物也。"如《魏风·硕鼠》通篇用比。

兴:起兴,用其他事物引出要说的内容。朱熹:"兴者,先言他物以引起所咏之词也。"如《周南·关雎》"关关雎鸠,在河之洲。窈窕淑女,君子好逑"。用"雎鸠鸟在河中叫"起兴。

4. 作者介绍

杨万里(1127—1206),字廷秀,号诚斋。吉州吉水(今江西吉安)人。南宋著名诗人,与陆游、尤袤、范成大并称南宋"中兴四大家"。杨万里一生创作诗歌两万多首,传世作品有四千两百余首,被誉为一代诗宗。他所创的"诚斋体",具有语言明白浅近、清晰自然、富有幽默情趣的特点。杨万里的诗歌多反映民间疾苦,抒发爱国之情,著有《诚斋集》。

二、简介背景

1.《芣苢》是周代人们采集野生植物车前草时所唱的歌谣。

2. 淳熙六年(1179)春,杨万里常州任满,西归故乡吉水(今江西吉安);途经衢州(今浙江衢州市),时值农田大忙季节,诗人目睹一户农家插秧之辛劳,作该诗。

三、测评任务

1.《芣苢》《插秧歌》这两首诗都是有关劳动的颂歌,但是在描绘劳动场景、歌颂劳动热情方面又不尽相同,试分析其差别,填写下表。

诗歌	表现手法	劳动场景	表达情感
《芣苢》			
《插秧歌》			

2. 简述两诗所倡导的劳动观的当代价值与意义。

浅吟对中对，深挖悲中悲

——《登高》学习任务群设计

许艳艳

一、学习目标

1.品评诗中各种对仗，体会本诗对仗而不刻板的语言形式美。

2.深入研读，探究诗人的八重悲，体会诗人身在异乡、情系家国的漂泊孤独之悲。

3.绘制思维导图，将品读形象化，从宏观把握本诗丰富而深刻的内蕴。

二、课堂情境

学校打算举办"诗圣光芒耀浦园"的杜甫主题文化展，其中有一项活动是书签设计，以《登高》为素材，设计书签的整体文字内容。

三、具体任务

任务一：拟写推荐词，初识诗歌

在书签正面显眼处拟写推荐词，可结合导学案中各位名家对《登高》的评价。

注意：书签版面有限，推荐词既要言简意赅又要吸人眼球，起到四两拨千斤的作用。

示例：古今七律之冠、千古绝唱

任务二：绘制思维图，走进诗歌

书签版面有限，三言两语又不能说尽本诗之美，所以可以借助思维导图将解读精简化、形象化。要欣赏杜甫的《登高》，路径有很多，老师给大家提供两条路径，一条是外在的语言形式美——对仗；一条是内在的语言内涵美——多重悲。

活动一：鉴赏语言形式——极致对仗。

1. 无一处不对仗

明代作家胡应麟在《诗薮》里评价《登高》的对仗是"一篇之中，句句皆律，一句之中，字字皆律"，杜甫是一个"为人性僻耽佳句，语不惊人死不休"追求极致语言美的人，那么这首诗的极致对仗体现在哪里？

明确：

（1）首联对仗精工细巧，却又似自然天成，意象纷呈，语义绵密，几乎一字一景，令人目不暇接。其中，"风急"对"天高"，"渚清"对"沙白"，不仅上下句对仗，还做到了句中对，堪称极致对仗。

（2）"萧萧下"与"滚滚来"的叠字对仗，使得秋日的肃杀与悲凉在这看似波澜不惊的表述中显现出来。这一句不只写秋天的磅礴壮观和时光无可阻挡的气势，同时也把人在大自然面前的渺小、无能为力隐含其中。

（3）"万里"承接上文的"无边落木"，对应空间；"百年"承接上文的"长江滚滚"，对应时间。"无边"与"不尽"，使"萧萧"和"滚滚"更加形象化，不但让人联想到落木窸窣之声，长江汹涌之状，也无形中传达出年华易逝，功业未就的悲怆。

（4）"艰难"与"潦倒"这两对叠韵字构成一个"联绵字对仗"，在诗歌的音韵与表情达意上具有婉转回环的艺术效果，使诗人困顿失意的生命形态得到反复的强调与渲染。

风急天高猿啸哀，渚清沙白鸟飞回	句中对
无边落木萧萧下，不尽长江滚滚来	叠词对
万里悲秋常作客，百年多病独登台	时空对
艰难苦恨繁霜鬓，潦倒新停浊酒杯	叠韵对

小结：四联都对仗，每一联都像对联一样工整。通篇全对，严丝合缝，无一处不两两呼应。无怪乎《红楼梦》中，林黛玉教香菱写诗，也推荐她读"一二百首老杜的七言律"。

2. 对仗而不刻板

过于对仗会显得刻板，缺乏变化，同时，首尾两联担负着引出话题和收束全篇的作用，所以一般诗人都选择散起散结。但杜甫却敢于全篇对仗，起承转合自然，不繁复，这是非顶级高手不能为的。请你说说他是如何做到起承转合的？

明确：首联"风急天高猿啸哀，渚清沙白鸟飞回"是"起"，以身临高处对秋景的所听、所见、所感来开篇。颔联"无边落木萧萧下，不尽长江滚滚来"是"承"，承接上一联，通过延长视线，进一步描写秋天的山水景色，为下联"转"做准备。颈联"万里悲秋常作客，百年多病独登台"是"转"，由前两联写景，转到写情，抒发人生感慨。前联的"无边""不尽"都在描写视野的长远，秋景的辽阔，为这一联的"万里悲秋"埋下了伏笔，颈联就转得极其自然，不着痕迹，尽显杜甫的"诗圣"功力。前一联"承"得好，这一联"转"得妙。尾联"艰难苦恨繁霜鬓，潦倒新停浊酒杯"是"合"，即对全诗作总结、作结语。杜甫深刻认识到，自己穷困潦倒，连口浊酒都喝不上，都是世事艰难的原因。

小结：由高到低、由远及近、由景到情、时空交错、由宏大的时代到渺小的自我。

思维导图如下：

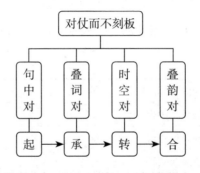

活动二：鉴赏语言内涵——多重悲。

杜甫的诗凝重，因为他有限的字句中包含无数层意思。让我们把目光聚焦到第三联，宋代的罗大经指出杜甫的《登高》中"万里悲秋常作客，百年多病独登台"这两句诗有八重悲，你能读出几重悲？

1. 学生读出的悲

（1）客居异乡：诗人出生于巩县，自5岁起离开巩县，只在15岁和24岁时回去过。

（教师补充：《旧唐书·杜甫传》中有记载，"本襄阳人，后徙河南巩县。曾祖依艺，位终巩令"。）

（2）常年漂泊：诗人从年少开始漂泊四方，居无定所，很多地方都留下了他的足迹。

（教师补充：《杜甫诗选评》中记载，"少壮漫游（731—745）""旅食京华（746—755）""奔赴行在（756—759）""度陇入蜀（759）""定居草堂（760—765）""滞留夔州（765—767）""漂泊荆湘（768—770）"。）

（3）家破人亡：杜甫44岁时，小儿子曾因乞讨饿死，自己晚年也过着忍饥挨饿的日子。

（教师补充：《旧唐书·杜甫传》中记载，"儿女饿殍者数人"；杜甫的作品《月夜忆舍弟》中，"有弟皆分散，无家问死生"。）

（4）身患数病：杜甫40岁时便患上糖尿病，同时还有偏头痛、耳聋眼花、肺病等。

（教师补充：《遣闷奉呈严公二十韵》中记载，"老妻忧坐痹，幼女问头风"；《寄彭州高三十五使君适、虢州岑二十七长史》中记载"三年犹疟疾，一鬼不销亡"；《同元使君春陵行》中记载，"肺枯渴太甚，漂泊公孙城"。）

2. 罗大经的"八悲"

同学们怎么找也只找到了这几重悲，而罗大经却说此诗中有八重悲，让我们来看看是哪八重悲。

明确：

第一重悲	万里，地之远也	远在他乡，身处夔州，万里羁旅之愁
第二重悲	悲秋，时之惨凄也	中国文人素有悲秋情怀，"自古逢秋悲寂寥"，秋天，万物凋零，正值"无边落木萧萧下"的萧瑟秋季，远在他乡遇深秋，悲秋之苦
第三重悲	作客，羁旅也	万里他乡，天涯羁旅，孤身一人，面对满目肃杀之秋景，羁旅之思，溢满于胸
第四重悲	常作客，久旅也	漂泊多年，作客已是悲苦，无奈再加一"常"字，久旅之悲，弥漫字间
第五重悲	百年，暮齿也	杜甫56岁，年过半百，安史之乱结束四年，杜甫依靠的严武病逝，离开草堂，本想一路直达夔门，却因病魔缠身，在云安待了几个月后才到夔州
第六重悲	多病，衰疾也	疾病缠身
第七重悲	台，高迥处也	古人有登高的习惯，但古人登高多怀愁。此时，杜甫登高，满目秋景，联想自身际遇，登高之苦，油然而生
第八重悲	独登台，无亲朋也	纵使一身悲苦，想要找人诉说，却已经是阴阳两隔，无处言说

小结：看了罗大经对八重悲的分析，同学们是不是也有所启发，读诗要善于抠字眼，不仅要一句一句地读，更要一字一字地读，反复推敲，这样才能抵达深刻。

思维导图如下：

任务三：撰写超短评，总结诗歌

在书签背面的底部撰写几句评语，总结《登高》这首诗的艺术价值，让书签内容更丰富深刻。

示例：

（1）透过沉郁悲凉的对句，显示出神入化之笔力，确有建瓴走坂、百川东注的磅礴气势。

（2）格调雄壮高爽，慷慨激越，高浑一气，古今独步。

（3）章法、句法、字法，前无古人，后无来者。

四、课堂总结

《登高》能够成为"古今七律之冠"，首先得益于他极致的对仗，这是其他诗人不能也不敢做到的；其次得益于他的多重悲，一个"悲"里包含了八重意蕴，让整首诗荡气回肠。本节课从语言形式美与语言内涵美两条路径来探究古诗，这也为学生今后的诗词鉴赏提供了方法。

 附

《登高》导学案

一、知识链接：名家点评

宋·罗大经《鹤林玉露》："杜陵诗云：'万里悲秋常作客，百年多病独登台。'万里，地之远也；悲秋，时之惨凄也；作客，羁旅也；常作客，久旅也；百年，暮齿也；多病，衰疾也；台，高迥处也；独登台，无亲朋也。十四字之间含有八意，而对偶又极精确。"

明·胡应麟《诗薮》内编卷五："作诗大法，唯在格律精严，词调稳契，使句意高远，纵孜孜可剪，何害其工？骨体卑陋，虽一字莫移，何补其拙？如老杜'风急天高'乃唐七言律诗第一首。……'风急天高'一章五十六，如海底珊瑚，瘦劲难明，深沉莫测，而力量万钧。通首章法，句法，字法，前无昔人，后无来学。微说说者，是杜诗，非唐诗耳。然此诗自当为古今七律第一，不必为唐人七言律第一也。元人凭此诗云：'一篇之内，句句皆奇，一句之内，字字皆奇；亦有识者。'"

明·周珽《唐诗选脉会通评林》："陆深曰：杜格高，不尽合唐律。此篇声韵，字字可歌，与诸作又别。蒋一葵曰：虽起联而句中各自对，老杜中联亦多用此法。吴山民曰：次联势若大海奔涛，四叠字振起之。三联'常''独'二字，何等骨力！周珽云：章法句法，直是蛇神牛鬼佐其笔战。"

明·王夫之《唐诗评选》："尽古来今，必不可废。结句生僵，不恶，要亦破体特断，不作死板语。"

清·查慎行《初白庵诗评》："七律八句皆属对，创自老杜。前四句写景，何等魄力。"

清·张世炜《唐七律隽》："四句如千军万马，冲坚破锐，又如飘风骤雨，折旆翻盆。合州极爱之，真有力拔泰山之势。"

清·黄叔灿《唐诗笺注》："通首下字皆不寻常。"

清·沈德潜《唐诗别裁》："八句皆对，起二句，对举之中仍复用韵，格奇变。昔人谓两联俱可裁去二字，试思'落木萧萧下'，'长江滚滚来'，成何语耶？好在'无边''不尽''万里''百年'。"

清·杨伦《杜诗镜铨》："高浑一气，古今独步，当为杜集七言律诗第一。"

清·方东树《昭昧詹言》："前四句景，后四句情。一、二碎，三、四整，变化笔法。五、六接递开合，兼叙点，一气喷薄而出。此放翁所常拟之境也。收不觉为对句，换笔换意，一定章法也。而笔势雄骏奔放，若天马之不可羁，则他人不及。"

二、赏析语言

《登高》的极致对仗体现在哪里？

风急天高猿啸哀，渚清沙白鸟飞回	
无边落木萧萧下，不尽长江滚滚来	

万里悲秋常作客，百年多病独登台	
艰难苦恨繁霜鬓，潦倒新停浊酒杯	

三、探究主题

以思维导图的方式呈现《登高》八重悲。

破中立，舍中得

——《拿来主义》教学设计

朱爱玲

一、学习目标

1. 了解文章的写作背景，把握文章内容与主要观点。

2. 理清文章思路，绘制思维导图，品味文章的语言特色，体会文章主旨。

3. 体会鲁迅杂文幽默犀利的语言特点，掌握文章先破后立的论证方法，学习文章的论证艺术。

4. 把握鲁迅的思想主张，体会作者爱憎分明的情感。

二、课堂情境

在五四青年节来临之际，校团委开展了"买'洋货'还是'国货'"的辩论赛活动，各个班级学生由此开展了关于购买"洋货"还是"国货"的大讨论。在语文课堂上，教师引导学生思考如何看待"国货"与"洋货"，引出《拿来主义》。

三、具体任务

任务一：看视频，了解鲁迅

观看一小段截取自纪录片《鲁迅之路》中的视频，进一步了解鲁迅。（播放视频）

这个视频，让我们对鲁迅有了许多深入的了解。同学们，你会怎样评价鲁迅呢？发表简短评价（25字以内），与其他同学分享自己的感悟。如果让你结合《拿来主义》中的内容，请你给鲁迅做一下宣传，你会写下什么感言？说说你的理由。请用这样的句式："我崇敬作者，因为……"

示例："为人类幸福而工作"，因为他面对敌人的威逼利诱，可以做到从容不迫，为无产阶级解放事业做出了伟大的贡献。

任务二：读经典，把握杂文的论辩性

活动一：质疑。

同学们在自由朗读中，产生了不少疑问，我将这些问题整理之后发现，主要是针对两个方面：一是结构思路；二是语言表达。以下针对比较有代表性的问题展开讨论。

1. "拿来主义"的观点是在哪一段提出的？又是从哪一段开始详细阐述的？

明确：在第二段提出，直到第7段才开始正面阐述"拿来主义"这一主张。

2. 课文的前半部分主要论述什么？和"拿来主义"有什么关系？

明确：课文前半部分主要批判"送去主义"，为正面提出"拿来主义"作铺垫。

3. 作者要论说的是"拿来主义"，为什么课文前半部分写"闭关主义"和"送去主义"？

明确：作者要论说的是"拿来主义"，但它是针对历史和现实存在的问题提出来的，近代的"闭关主义"必然导致"现在"的"送去主义"。"送去主义"是一种有去无回的卖国行径，必然导致国势衰退，被动挨打，从长远看，将造成亡国灭种。因此，采取与"送去主义"针锋相对的"拿来主义"就刻不容缓。"送去主义"和"拿来主义"是一个问题的两个方面，"破"正是为了"立"。

4. 鲁迅对当时社会的"送去主义"和"闭关主义"极度不满。为什么不直接揭露，反而采取委婉的方式进行评论？

示例：梳理全文思路，展示学生思维导图，并进行讨论。

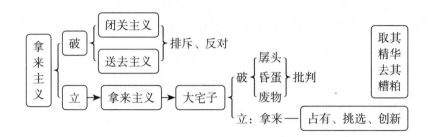

第一部分（第1—4段）：揭露批判"送去主义"的实质及其严重后果。

第二部分（第5—9段）：阐明"拿来主义"的基本观点，批判在对待文化遗产问题上的错误倾向。

第三部分（第10段）：总结全文，指出实行"拿来主义"的人应具有品质，以及"拿来主义"对于创造民族新文化的重要意义。

活动二：研读。

1. 梳理文本，完成表格。通过以上分析，我们可以明确杂文与一般的文章不同，它有着严谨的逻辑性、强烈的论辩性和说理性，为了更好地说服读者，需要考虑具体的特点、实质、利弊等因素。因此，充分思考杂文的逻辑性，有助于我们更好地理解文章的主旨。下面，我们利用表格对这篇杂文的"论辩性"进行一个梳理。

类型	闭关主义	送去主义	拿来主义
特点	不送不拿	只送不拿	送去之外还得拿来
实质	惧外/排外	媚外/卖国	爱国/和平交往
利弊	丧权辱国，割地赔款，导致"送去主义"	文化堕落，主权丧尽，祸害子孙	人自成为新人，文艺自成为新文艺

2. 理解"拿来主义"的内涵，领会运用形象的比喻阐明抽象的、深刻的、道理的写作方法。梳理后，我们再次研读这篇杂文，也许我们之前的一些疑问就迎刃而解了。

（1）"大宅子"比喻什么？对待文化遗产，文章一共列举了几种态度？是怎样说理的？对待文化遗产的三种错误的态度分别是什么？

孱头：懦弱无能，不敢接受——比喻逃避主义者。

昏蛋：不分好坏，全盘否定——比喻虚无主义者。

废物：是非不分，全盘接受——比喻投降主义者。

对待外来文化的错误态度如下。

种类	表现	实质
孱头	怕被染污，徘徊不敢走进门	害怕继承拒绝借鉴，逃避主义
昏蛋	勃然大怒，放一把火烧光	盲目排斥，虚无主义
废物	欣欣然蹩进卧室大吸鸦片	崇洋媚外全盘西化，投降主义

比喻论证——继承"大宅子"即继承"文化遗产"，具体如下。

喻体	本体
鱼翅	外国文化中的精华部分
鸦片	外国文化中精华与糟粕共存的部分
烟枪和烟灯	外国文化中没有使用价值，但适当保存一点可以做反面教材
姨太太	外国文化中反动腐朽应该完全摒弃的部分

"拿来主义"者对待文化遗产正确的态度应该是占有、挑选，取其精华，去其糟粕。

（2）"拿来主义"者是怎样"挑选"文化遗产的？作者是怎样说理的？

有益的（即"鱼翅"），要"拿来"，而且"使用"；既有危害又有用处的（即"鸦片"），要吸取、使用它有用处的方面，清除它有害的方面；人民根本不需要的（即"烟灯""烟枪"和"姨太太"），原则上加以"毁灭"（只留少许送博物馆）。运用比喻说理，形象生动，幽默含蓄，而锋芒毕露。

（3）本文的中心思想不只是谈对待文化遗产的态度，分小组讨论，归纳本文中心。谈谈鲁迅提出"拿来主义"的目的是什么？

提示：①批判国民党反动政府的卖国政策；②批判对待文化遗产的错误态度；③阐明对文化遗产的正确主张；④指出正确对待文化遗产的必要性。

意在唤起人们的忧患意识，启迪人们正视当时中国积贫积弱的地位，摒

除妄自尊大的心理，抛弃文明古国的架子，沉着、勇猛地从国外拿来对自己有用的东西，更新自己的观念和文化。

（4）有人说，鲁迅在几十年间对国粹主义和民族自大心理的批评分析的过程，就是"拿来主义"这一主张孕育与形成的过程。试从文章的角度分析鲁迅先生"拿来主义"的主张。

第一，文章中突出要改变中国落后挨打的状况，一定要"别求新声于异邦"，放下架子向外国学习。

第二，要培育国民精神，培育新人，必须开阔视野，"观四面听八方"，收纳新潮，脱离旧套。

第三，要建设新文艺，必须取法于外国。立足于自己的文化之上，吸收外国文化中优秀的成分，以提升文化层次。

（5）试分析本篇文章的写作思路和语言特点。

本文开篇即对"闭关主义""送去主义"做出了批判。然后提出了"拿来主义"的具体观点，但不是简单意义上的直接提出，而是采用了先破后立的论证方式。先是批判了面对外来文化的错误态度，破除了以往"送去主义"的观点，然后提出面对外来文化应有的正确的方式，这是立论。这样就将文章的观点清晰明确地表现出来。最后，进行总结，强调实行"拿来主义"的条件与意义。

一是比喻论证。对于如何批判地继承这样的理论问题，鲁迅并没有长篇大论，而是通过比喻，化抽象为具体。以一个穷青年得了一所大宅子作比，通过青年对待大宅子的态度，将如何对待文化遗产这个问题阐述得通俗易懂。

二是讽刺幽默。鲁迅有时褒词贬用，有时贬词褒用。比如，"我只想鼓吹我们再吝啬一点"，其中"吝啬"是贬词褒用，而在"一者见得丰富，二者见得大度"，"丰富""大度"是褒词贬用。

活动三：讨论。

根据课文内容，结合实际，谈谈现在我们是否需要"拿来主义"，六人为小组合作完成，请大家畅所欲言，言之有理有据。

明确：现今的社会是一个中外融合的世界，中外文化的交流日益密切。面对不断涌入的外来文化，我们需要保持应有的态度。

如何面对外来文化？首先，我们不应该全盘接受。不管是何种文化必然都会有其精华或者是糟粕，所以不能全盘吸收，要有所选择。在面对外来文化的时候，对于传统文化不能全盘否定，正因为所有文化是糟粕与精华并存的，所以我们都需要选择吸收。

但是，也不能一味排斥，只坚持传统文化。文化必然是在交流中发展的，不交流、不融合，文化很容易失去它自身的生命力，所以，要吸收，要学习。

最好的态度是立足于本民族的文化根基，吸收其他文化的优秀部分，使本民族的文化得到发展和创新。

任务三：明任务，辩论出我的观点

我们在选择取舍时必须要有理智，一定要深思熟虑。作为新时代的中国青年，你有没有想过怎样面对传统文化和外来文化？下周班会课将以"舍与得"为主题开展辩论赛，请同学们课外搜集资料做好充分的准备。

四、课堂总结

本节课，我们初步学习了我国现代文学的奠基人鲁迅先生的《拿来主义》，初步体会了作者行文的结构与说理，感受了鲁迅杂文作品的语言特色。

面对文化遗产，既不是全面否定，也不是全盘接受，而是批判继承：取其精华，去其糟粕。而面对"拿来"的文化，也是如此：借鉴其精华的部分来完善本民族的文化。不管是本民族的文化，还是"拿来"的文化，最终的目的都是创新。创新是一个民族进步的动力，是国家兴旺发达的标志。因此，鲁迅先生的"拿来主义"在现在仍然具有现实意义。

我们应该学习鲁迅先生的写作风格，也应该学习他关心祖国命运的责任感，做一个有责任感的人。

《拿来主义》导学案

一、知识链接，追忆文学家

1. 鲁迅生平

鲁迅，原名周樟寿，后改名周树人，字豫山，后改豫才，浙江绍兴会稽县人，中国现代伟大的无产阶级文学家、思想家和革命家。

1918年5月15日发表《狂人日记》，是中国第一部现代白话文小说。

1921年发表中篇白话小说《阿Q正传》。

1936年10月19日因肺结核病逝于上海。鲁迅的作品主要以小说、杂文为主。代表作有：小说集《呐喊》《彷徨》《故事新编》；散文集《朝花夕拾》；散文诗集《野草》；杂文集《坟》《热风》《华盖集》《华盖集续编》《南腔北调集》《三闲集》《二心集》《而已集》《且介亭杂文》等。

他的作品有数十篇被选入中小学语文课本，并有多部小说被先后改编成电影。其作品对于五四运动以后的中国文学产生了深刻的影响。鲁迅以笔代戈，奋笔疾书，战斗一生，被誉为"民族魂"。"横眉冷对千夫指，俯首甘为孺子牛"是鲁迅一生的写照。

2. 鲁迅与《且介亭杂文》缘起

有一段时间，鲁迅先生住在上海闸北帝国主义越界筑路的区域，这个地区有"半租界"之称。鲁迅先生因此将"租界"二字各取一半，成"且介"以表愤懑。"且介亭"暗示这些杂文是在上海半租界的亭子间里写的，形象地讽刺了国民党统治下半殖民地半封建的黑暗现实。

3. 杂文的特点

杂文是一种直接、迅速反映社会事变或动向的文艺性论文。"杂而有文"是其总的特点，短小、锋利、隽永，富于文艺工作者色彩和诗的语言，具有独特的艺术感染力是其具体特点。在剧烈的社会斗争中，杂文是战斗的利器；在和平建设年代，它也能起到赞扬真善美，鞭挞假恶丑的针砭时弊的喉舌作用。

鲁迅曾经解释自己杂文的特点是："论时事不留面子，砭锢弊常取类型。"鲁迅的杂文是社会思想和社会生活的艺术的记录，铭刻着对人民的关爱和对敌人的憎恨，描写了人民的苦难和斗争、愿望和理想，具有丰富的理论含量。

4. 写作背景

本文写于1934年6月4日。九一八事变之后，日本帝国主义把魔爪伸向华北，蒋介石反动统治集团越来越依附英美帝国主义，肆无忌惮地出卖民族利益，在政治、经济、文化、艺术等方面奉行一条彻头彻尾的卖国投降主义路线。英美帝国主义除了肆意践踏我国领土主权，疯狂掠夺我国的经济资源外，还用腐朽没落的西方文化腐蚀我国人民，反动政府和帝国主义互相勾结，一个"送去"，一个"送来"，中国面临着"殖民地化"的严重危机。

当时上海《文学》月刊正在讨论如何对待"文学遗产"的问题，在讨论中存在着"全盘肯定"和"全盘否定"两种倾向，革命内部在对待中外文化遗产的问题上存在着相当混乱的观点。针对这些情况，鲁迅写了《拿来主义》一文。

二、初读文本，梳理文章结构

1. 结合《拿来主义》，写一句对鲁迅的短评（25字以内）。

2. 阅读《拿来主义》全文，填写下面的表格。

	闭关主义	送去主义	拿来主义
特点			
实质			
利弊			

3. 概括《拿来主义》每段主要内容，梳理结构思路并画出思维导图。

三、研读文本，整体感知

1. "拿来主义"的观点是在哪一段提出的？又是从哪一段开始详细阐述的？

2. 课文的前半部分主要论述什么？和"拿来主义"有什么关系？

3. 作者要论说的是"拿来主义"，为什么课文前半部分写"闭关主义"和"送去主义"？

4. 鲁迅对当时社会的"送去主义"和"闭关主义"极度不满，为什么不直接揭露，反而采取委婉的方式进行评论？

四、合作探究，深入理解

1. "大宅子"比喻什么？对待文化遗产，文章一共列举了几种态度？是怎样说理的？对待文化遗产的三种错误的态度分别是什么？

2. "拿来主义"者是怎样"挑选"文化遗产的？作者是怎样说理的？

3. 本文的中心思想不只是谈对待文化遗产问题这一个方面，分小组讨论，归纳本文中心。谈谈鲁迅提出"拿来主义"的目的是什么？

4. 有人说，鲁迅在几十年间对国粹主义和民族自大心理的批评分析的过程，就是"拿来主义"这一主张孕育与形成的过程。试从文章的角度分析鲁迅先生"拿来主义"的主张。

5. 试分析本篇文章的写作思路和语言特点。

五、拓展延伸，思政提升

作为21世纪的青年人，在实现中华民族伟大复兴的今天，我们该如何取舍中外文化？请同学们联系现实发表自己的意见，谈谈现在我们是否需要拿来主义？

攀登思维的阶梯

——《读书：目的和前提》《上图书馆》联读教学设计

李圣宇

一、学习目标

1. 借助表格和思维导图，归纳、概括文章内容，梳理文章逻辑结构。

2. 针对文章中含义深刻的句子，研习产生思维障碍的原因和解决方法。

3. 运用批判性思维审视各种不同的读书观点，分析观点背后的个人立场，以形成自己的读书观。

二、课堂情境

××中学致力于打造书香校园，配备了一个藏书丰富的图书馆。图书馆的"读者信箱"里经常收到同学们有关阅读困惑的来信。

其中也有我们班同学的来信，我们来读一读。

> **读者来信**
>
> 给"读者信箱"：
>   我一直以来都有一个阅读的困惑。我非常喜欢《飘零的世界》这本书，但自从我在高中必读书目上看到它时，就再也不想看了。
>
> 真挚地期待你的回信！
>   署名：帅晴天

> **读者来信**
>
> 给"读者信箱"：
>   我一直以来都有一个阅读的困惑。对阅读名著没有兴趣，太枯燥了！
>
> 真挚地期待你的回信！
>   署名：林婆婆

基于此，学校图书馆拟制作一份"阅读推广册"，把黑塞、王佐良作为本月推荐作家，精选了他们的两篇文章《读书：目的和前提》《上图书馆》，以启发同学们对阅读的思考，解答同学们的阅读困惑。

目前，阅读推广册已经确定了基本的栏目框架，但还需要完善内容。

三、具体任务

任务一：记录下你的阅读过程吧！

活动一：填写表格。

	读书经历	阅读感受	读书意义（观点）	读书方法（观点）
黑塞	1.在祖父的巨大藏书室寻找喜爱的书籍。 2.在高高的书架扶梯顶上一坐就是几个钟头。 3.与巴尔扎克的书重逢。 4.在父亲的指点下接触了老子。 5.床上摆着中国典籍	不感兴趣—感兴趣—孜孜不倦—大失所望、厌烦—满足、惊异、心驰神往	1.获得真正的修养。 2.找到生活的意义。 3.感到幸福和满足。 4.领略人类所思、所求的广阔和丰盈。 5.使我们集中心智	1.阅读的前提是个性或人格，从天性出发，带着爱、敬重心开始阅读。 2.必须读杰作，在读的时候花力气，下功夫
王佐良	1.在"公书林"翻阅英文小说，看英文杂志。 2.在清华图书馆读哲学、戏剧。 3.在英国牛津大学的包德林图书馆一心苦读。 4.在英国博物馆的圆形图书馆博览群书	兴奋好奇—空静、温和—激动—隐隐不安—纵情欢乐、豁然开朗—崇敬万分	感受浓厚的图书馆读书氛围，满足好奇心，学到了些英文，了解了西方文学、哲学知识	一个人因藏书丰富而自鸣得意固然愉快，而上图书馆读书，去感受环境氛围与知识的浸润则别有一番乐趣

活动二：根据表格内容在阅读推广册"记录下你的阅读过程吧！"栏内完成两篇文章的思维导图。

通过思维导图，我们对文章的基本内容和行文逻辑有了整体的感知。

任务二：让思维飞起来吧！

活动一：图书馆阅读手册中"作家阅读箴言"栏目，需要选择"富有哲理又深奥难懂"的句子刊印。这个栏目现由我们班同学负责。请你写下一句

你觉得"最富哲理又最深奥难懂"的观点句,并且提供解读。课前,老师在班级里做了统计,选取了同学们重合度最高的6个句子向图书馆推荐。

(段1)因此,真正的修养一如真正的体育,既是完成同时又是激励,随处都可到达终点却又从不停歇,永远都在半道上,与宇宙共振,于永恒中生存。它的目的不在于提高这种或那种能力和本领,而在于帮助我们找到生活的意义,正确认识过去,以大无畏的精神迎接未来。——黑塞

(段3)他必须走一条爱之路,而非义务之路。——黑塞

(段7)对现实生活的接近,高贵的谨守最高道德要求的精神与感性的富有乐趣和魅力的日常生活和谐协调——自如地周旋于崇高的精神境界与纯真的生活享乐之间。——黑塞

(段8)不错,读得太多可能有害,书籍可能成为生活的竞争对手。——黑塞

(段8)我们先得向杰作表明自己的价值,才会发现杰作的真正价值。——黑塞

(段9)这个大厅也是建筑华美,气象万千,那高耸的大圆顶总使我想起一段台词:"这个覆盖众生的苍穹,这一顶壮丽的帐幕,这个金黄色的火球点缀着的庄严的屋宇……人类是一件多么了不得的杰作!多么高贵的理性!多么伟大的力量!……"——王佐良

1. 面对这些我们公认的最深奥难懂的句子,想要尝试读懂它,我们首先应该知道为什么我们无法理解这些观点句,大家觉得有哪些原因?

讨论明确:第一,没有细读;第二,西方人的长语句表达和我们的阅读习惯有差异;第三,没有抓住关键词;第四,太抽象。

2. 找到读不懂的原因之后,再继续思考:想要理解以上观点句,我们可以通过什么途径?

讨论明确:①没有细读——结合上下文语境对照着读;②西方长句子的表达和我们的阅读习惯有差异——缩减句子成分,保留主干;③没有抓住关键词——抓住关键词,弄懂关键词的含义;④太抽象——具象化,充分联系自己和他人的阅读经历。

3. 请四人一个小组，利用上述途径，选取其中一个观点句加以解读。

他必须走一条爱之路，而非义务之路。——黑塞

解读：联系上下文、抓关键词。"爱之路"指阅读要从兴趣开始，要认识自己，进而认识那些特别能引起共鸣的作品。"义务之路"指因为别人称赞哪本书就去读哪本书，也指遵循某种模式或教学大纲的、某一专门范围内的书。以文解文，用文章中的话说，"一本别人称赞而我们也试图阅读却引不起兴趣的作品，一本令我们反感、无法读进去的作品，千万别强迫自己耐着性子硬往下读，应该干脆放弃"。

对现实生活的接近，高贵的谨守最高道德要求的精神与感性的富有乐趣和魅力的日常生活和谐协调——自如地周旋于崇高的精神境界与纯真的生活享乐之间。——黑塞

解读：抓主谓宾。缩句为"精神与日常生活和谐协调——周旋于精神境界与生活享乐之间"。联系上下文，可以发现这句话是在夸赞古代中国的书籍，如《论语》《老子》在精神修养方面创造的奇迹，用文章中的话解释，那就是"在中国人那里，自然与精神，宗教信仰与日常生活，不是相互敌对和矛盾，而是相反相成，各得其所"。联系中国传统文化的实际情况，可以发现，中国文化从一开始就认为至高的道是内涵于我们的日常生活之中的。举个例子，当佛家的理论告诉你说，你应该抛弃你俗世的牵绊和烦恼，出家获得一种灵魂上的解脱、自我的实现的时候，儒家学说会告诉你，修行必须在尘世之中，也就是说你必须去面对日常生活中的父子关系、夫妻关系、朋友关系，你只有在处理这种现实关系之中才能获得自我精神的修养。

活动二：图书馆的编辑反映，将我们推荐的这些观点句刊印在"作家阅读箴言"栏目之后，却收到了来自其他班同学的质疑。

---

1. 他必须走一条爱之路，而非义务之路。——黑塞

2. 我们先得向杰作表明自己的价值，才会发现杰作的真正价值。——黑塞

3. 有些人读书，全凭自己的兴趣……它的好处在使读书成为乐事，对于一时兴到的著作可以深入，久而久之，可以养成一种不平凡的思路与胸襟。它的坏处在使读者泛滥而无所归宿，缺乏专门研究所必需的系统训练，产生畸形的发展，对于某一方面知识过于重视，对于另一方面知识可以很蒙昧。——朱光潜（美学家、学者）

来自李××同学的质疑：读书到底应该跟着兴趣去读还是跟着杰作去读？黑塞一会儿说阅读要从兴趣开始，一会儿又说必须下功夫读杰作，朱光潜先生也说，读书不能全凭兴趣啊！

1. 因此，真正的修养一如真正的体育，既是完成同时又是激励，随处都可到达终点却又从不停歇，永远都在半道上，与宇宙共振，于永恒中生存。它的目的不在于提高这种或那种能力和本领，而在于帮助我们找到生活的意义，正确认识过去，以大无畏的精神迎接未来。——黑塞（诗人、作家）

2. 书只是一种工具，和锯子、锄头一样，都是给人用的。我们与其说"读书"，不如说"用书"……农人要用书，工人要用书，商人要用书，兵士要用书，医生要用书，画家要用书，教师要用书，唱歌的要用书，做戏的要用书，三百六十行，行行要用书。行行都成了用书的人，真知识才愈益普及，愈易发现了。书是三百六十行之公物，不是读书人所能据为私有的。——陶行知（教育家）《读书与用书》

3. 书中自有颜如玉，书中自有黄金屋。——宋·赵恒（宋真宗）《劝学诗》

来自王××同学的质疑：读书到底该带着哪种目的去读呢？我觉得黑塞说的不对。陶行知就说，书是一种工具，而且从小我就听爸妈教育我，"书中自有颜如玉，书中自有黄金屋"。

现征求同学的意见，你怎么看待这些观点之间的矛盾？你会怎么回应这些质疑？请结合课文或者自身经历说一说。

回答李××同学的质疑：实际上，黑塞的话并不矛盾。兴趣和杰作不是割裂开来的，爱之路也并非一条纯粹的兴趣之路，兴趣是起点，更进阶的层次是我们的个性、人格随着阅读经验和时间阅历的增长塑造我们的兴趣，即对原先望而生畏、怕麻烦的书产生一种发自内心的喜爱、共鸣，会发自内心地下功夫、花时间去读。无论是黑塞还是朱光潜，其实都强调应该要仔细挑选书籍。他们之间的差异还是因为立场和目的的不同。朱光潜出于做学问的角度，觉得不能光凭兴趣挑选书籍，应该专门读一类书。

回答王××同学的质疑：针对这三人关于读书的观点差异在于提出观点的立场不同。读书的目的可以是具体的技能和能力，但不应该全是。读书有不同境界，而寻找生活的意义、完善自我是最高的境界。

如果有了辩证思维、多元视角就会知道，这些阅读观点是没有对错之分的，只是目的不同、立场不同。黑塞认为，读书的目的是获得教养；王佐良认为，读书的目的是感受人类的智慧；陶行知认为，读书的目的是普及知识；赵恒认为，读书的目的是考取功名；朱光潜认为，读书的目的是做学问、做研究。立场不同，关于阅读的观点也不相同。因此，从各家的读书观中仔细思辨之后，还需要追问自己："我读书的目的是什么？"当我们明确自己读书的目的，坚定自己的立场之后，才能真正形成属于我们自己的读书观。同理，所有的困惑、不解、矛盾都是思考的基础，借助"辩证的思维、多元的视角"，明确自己的目的，坚定自己的立场，才能攀登思维的阶梯，从疑惑中生发出独具特色的观点。

活动三：图书馆委托你充当图书馆回信员，根据今天在课堂上对两位作家阅读观点句的理解（建议运用其中1—2句），带上对读书目的的思考，选择任意一封课堂初始出现在"读者信箱"中的来信，给他回信，解答他的阅读困惑，表达属于你的读书观。

四、课堂总结

正如宣传册最后附的这首小诗说的那样：

"世界上任何书籍/都不能赐你幸福好运/但是它们能让你/悄悄成为你自己/那里有你需要的一切/阳光、星星和月亮/因为你所渴求的光/就栖于你自身/你久久沉潜书城/孜孜地追求智慧/如今它辉耀在每一页/成为你的所有"

附

《读书：目的和前提》《上图书馆》联读导学案

1. 梳理文章内容，完成下面表格，并据此在"记录下你的读书过程吧！"栏目中画出思维导图。

	读书经历	阅读感受	读书意义（观点）	读书方法（观点）
黑塞	1.在祖父的巨大藏书室寻找喜爱的书籍。 2._____ 3.与巴尔扎克的书重逢。 4._____ 5.床上摆着中国典籍	不感兴趣—_____—孜孜不倦—_____—满足、惊异、心驰神往	1._____ 2.找到生活的意义。 3._____ 4.领略人类所思、所求的广阔和丰盈。 5.使我们集中心智	1._____ 2.必须读杰作，在读的时候花力气，下功夫
王佐良	1._____ 2._____ 3.在英国牛津大学的包德林图书馆一心苦读。 4.在英国博物馆的圆形图书馆博览群书	兴奋好奇—_____、激动—隐隐不安—纵情欢乐、豁然开朗—崇敬万分	感受浓厚的图书馆读书氛围，满足好奇心，学到了些英文，了解了西方文学、哲学知识	_____ _____

2. 记下你认为思想深刻、富有哲理的观点句。

3. 给图书馆写一封信，在阅读推广册中的"读者来信"栏中写下自己阅读的困境。

阅读推广册示意图（三折页）

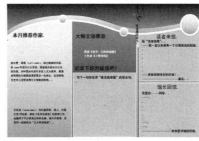

缘景明情，情文并茂

——《故都的秋》教学设计

严伟燕

一、学习目标

1. 厘清文脉，把握文章结构。

2. 理解五幅秋景图，体会故都的秋"清""静""悲凉"的特点。

3. 知人论世，体会作者在文章中寄予的思想感情。

二、课堂情境

学校图书馆近期将推出"走进郁达夫"专题，其中需要拍摄故都秋景微视频，请同学们就"秋色""秋声"及"秋味"方面给出自己的意见。

三、具体任务

任务一：观秋色，听秋声

"看万山红遍，层林尽染；漫江碧透，百舸争流"是毛泽东笔下的秋，"浔阳江头夜送客，枫叶荻花秋瑟瑟"是白居易笔下的秋，"寒蝉凄切，对长亭晚"是柳永笔下的秋……秋有声，秋也有色。请同学们在文中找寻郁达夫笔下故都的秋里的秋声和秋色，完成思维导图。

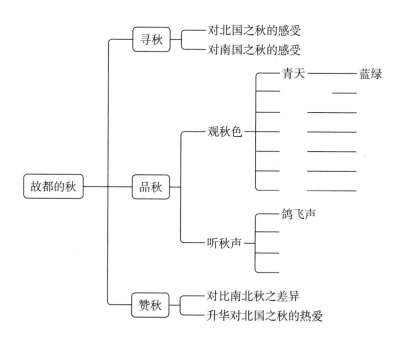

细读3—11段。

参考：

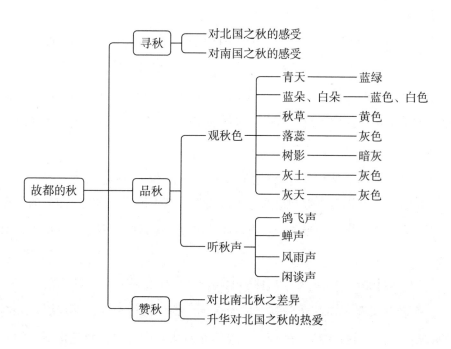

任务二：品秋味，悟秋情

问题1：请找出本文文眼。"文眼"可以是一个字、一句话、一个细节、一缕情丝乃至一景一物。作者感受到的故都的秋的特点，是哪一句话？有几个关键词？

参考："北国的秋，却特别地来得清，来得静，来得悲凉。"

三个关键词：清、静、悲凉。

清，清冷、清雅，是视觉体验，对应秋色。

静，安静，寂静，是听觉体验，对应秋声。

悲凉，是一种主观感受。

问题2：结合"清""静"的感受，请给3—11段的五幅秋景图各取一个名字，能体现作者要表达的秋味。

参考：破院赏秋、秋槐落蕊、秋蝉残鸣、秋雨话凉、秋枣绿黄

问题3：请添加视频画外音。

（1）在牵牛花的颜色上，为什么作者提出"蓝色或白色者为佳""淡红者最下"。

"蓝色或白色"与"红色"属于不同色系。前者属于冷色调，后者属于暖色调。色调反映心境，喜欢蓝色或白色，可见作者心境悲凉。所以，暖色调不合他当下的心境。"最好，还要在牵牛花底，教长着几根疏疏落落的尖细且长的秋草，使作陪衬。"进一步体现了作者"悲凉"的心境，传达出他欣赏的是一种荒凉、孤独、凄清的景。

（2）槐树的主要特点是高大挺拔，为什么作者却选取落蕊来写。

落蕊，指凋谢后自然飘落的花蕊。凋谢、飘落，给人彷徨、寂寥的视觉体验，在寻常、破败的景象中看出、体验出美来，这是作者独特的审美，闲淡而略带忧郁。

（3）以100字左右的文学短评形式品读"秋蝉残鸣"。

作者着重写蝉声的"残"，极为伤感。蝉生命极短暂，往往引发人们的愁绪。"一闻愁意结，再听乡心起"在白居易的诗中，蝉是化不去的乡愁；"寒蝉凄切，对长亭晚"在柳永的词中，蝉是依依不舍的伤感。作者用

"残"字赋予了蝉更为悲凉的色彩。秋蝉残鸣，给人的是生命将终的悲凉与愁苦。

（4）用富有京味的语言，分角色诵读"秋雨话凉"段，读出清、静、悲凉之感。

（5）"秋枣绿黄"如何体现了清、静、悲凉？

颜色：淡绿微黄——清。

地点：屋角、墙头、茅房边上、灶房门口——静。

形状：橄榄、鸽蛋。

凋零：叶落、红完、西北风起——悲凉。

"淡绿微黄"的枣，将熟未熟，正是秋的全盛时期，也正是作者所欣赏的秋。

小结：

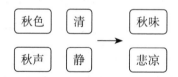

任务三：知人世，辨情思

问题1：为什么文人学士总是将自然作为心灵的栖息地？

思路提示：知人论世悉背景（见导学案）。

郁达夫写"秋"的特别之处在于喜欢枯淡之景、享受悲凉之美。与自然对话的本质就是与生命对话，从自然之秋到文人之秋。正如韩少功在《我心归去》所表达的，美的从来就是悲的。中国的悲含有眷顾之义，美使人悲、使人痛、使人怜，这已把美学的真理揭示无余。

问题2：题目"故都的秋"可以换成"北平的秋"吗？

文章题目大有深意。不说"北平"而用"故都"，含有落寞沧桑、深切的眷恋之义，也暗含一种文化意味。

作业：选取校园中你喜欢的一处秋景，写200字以上的缘景明情的文段。

《故都的秋》导学案

一、知识链接

1. 走进作者

郁达夫，原名郁文，字达夫，幼名阿凤，浙江富阳人，中国现代作家、革命烈士。郁达夫是新文学团体"创造社"的发起人之一，一位为抗日救国而殉难的爱国主义作家。在文学创作的同时，还积极参加各种反帝抗日组织，先后在上海、武汉、福州等地从事抗日救国宣传活动，其文学代表作有《沉沦》《故都的秋》《春风沉醉的晚上》《过去》《迟桂花》《怀鲁迅》等。

本文写作背景，从1921年9月—1933年3月，郁达夫主要参加左翼文艺活动，在此期间发生了许多令郁达夫伤心欲绝的事情：①1926年6月，其子龙儿在京死去；②1933年1月，日军攻占山海关；③1933年2月，日军攻占承德，北平处在风雨飘摇中；④国民党白色恐怖威胁，知识分子内心惶恐不安，时常处于漂泊之中。

在此背景下，郁达夫1933年4月由上海迁居杭州。1934年7月从杭州经青岛去北平，到北平后，对故乡的眷恋和国事的危急，使他触景伤情，1934年8月写下《故都的秋》。

2. 认识散文

（1）散文的特点：形散而神不散

"形散"是说散文取材广泛自由，不受时空的限制，表现手法也不拘一格，而且作者可以根据内容需要自由调整、随意变化。"神不散"，即散文所要表达的主题必须明确而集中。

（2）散文的分类

叙事性散文、写景性散文、抒情性散文、哲理性散文、议论性散文等。

（3）散文的鉴赏技法

第一步：识"文眼"。找出能揭示全篇旨趣和有画龙点睛妙用的"文眼"，以便领会作者为文的缘由与目的。"文眼"可以是一个字、一句话、一个细节。

第二步：抓线索。透过散文的"形散"的表象抓住其传神的精髓，遵循作者的思路，分析文章的立意。

第三步：品语言。散文的一大特色就是语言美。一篇好的散文，语言凝练、优美，又自由灵活，接近口语。优美的散文，更是富于哲理、诗情、画意。

第四步：析技巧。掌握渲染、铺垫、象征、伏笔、照应、悬念等技巧有利于鉴赏散文，把握美文实质。

二、课前小练

1. 初读文本

（1）请找出本文文眼。作者感受到的故都的秋的特点，是哪一句话？有几个关键词？

（2）作者在文中描绘了几幅故都秋天的画面？分别是哪几幅？

（3）在这些景况的描写中，哪些地方突出了"清"？哪些地方突出了"静"？哪些地方突出了"悲凉"？

写秋院	
写秋槐	
写秋蝉	
写秋雨	
写秋果	

2. 研习文本

（1）在牵牛花的颜色上，为什么作者提出"蓝色或白色者为佳""淡红者最下"？

（2）题目《故都的秋》可以换成《北平的秋》吗？

（3）关于这篇文章的感情基调，有两种说法：有人认为是悲秋，但有人认为是颂秋。你认为呢？请说说你的理由。

走入"文言"悟真意，透过"显隐"见情怀

——《登泰山记》教学设计

梁　磊

一、学习目标

1. 围绕游览话题，体验行文思路，感受泰山印象。

2. 活学化用语言，体悟作者文言之美，感受文字魅力。

3. 质疑文本，知人论世，以形（景、行）悟神（志向、品格），感悟精神。

二、课堂情境

身处高效运转的社会，我们总是为外物所累，无法随心所欲。不过，身体与灵魂总要有一个在路上。饱览祖国的大好河山有很多种方式，可以亲自去看看走走，也可以借由他人的眼睛去感受。跟随毛泽东的脚步可以饱览湘江壮丽的秋景图，跟随陶渊明的体验可以身临田园风光倍感恬淡，跟随杜子美可以领略蜀地悲壮凄清，跟随李太白可以梦游天姥奇幻雄壮……不妨跟随姚鼐的脚步去登一登泰山。

重新界定"在路上"，意味着重新认识"旅游"，尝试借由阅读挣脱躯体的束缚，使精神与作者同频共振。

三、具体任务

任务一：亲历其中——文字概括览泰山

活动一：阅读初体验，获取初步感知。

初读文本，感受泰山留在内心的几幅图景。

注意：此环节虽然简单易于把握，但很容易沦为对某句话的解释或翻译。

活动二：提供能力支架，引领学生概括图景。

图景=时间+地点+特点

概括一般需提取特定的时间、地点，并且需点破景物特点，以此概括图景则言简意赅。

以《沁园春·长沙》为例：

景物繁多——万山、层林、百舸、秋江、鹰、鱼等；

地点确定——湘江边；

时间明确——秋季；

景物特点鲜明——生机勃勃；

由此可概括：湘江秋季生机图。

知识迁移：陶渊明《归园田居》——恬淡田园图，杜甫《登高》——蜀秋悲壮登高图。

《登泰山记》图景概括：泰山壮丽日出图、山顶远望美景图、泰山人文浩渺图、自然景观图等。

任务二：改编活用——文字转换写泰山

活动一：回归学情，探寻缘由。

针对高三学长做调查，本单元的五篇文本按喜爱程度以百分制方式分别打分排序，《登泰山记》排在最后一位，且平均分值与倒数第二名相差5分多。

不喜欢的原因预测：其一，语言难懂，不明所云，没有触发感受；其二，不解因由，难明其意；其三，未能体会，不明其美。

活动二：探究矛盾。

此篇历为人称道，清代王先谦赞誉其"典要凝括，具此神力。世多有登岳，辄作，读此当为搁笔"。称其"具此神力"，评价为何如此之高？

提供领悟支架：改编第一段泰山概貌及登山过程，写成小诗。

生机概貌图

阳谷阴谷皆入河，

汶水济水西东流。

南北分者古长城，

日观高峰南望遥。

文字示范，创意解说：泰山概貌，在第一段提及整体地势，说明其地理知识丰富。按序写作，说明条理清晰，先写整体地貌，两条水系——汶水，济水，一在南一在北，两水流向不同，前者由西向东，后者由东向西。整体介绍后，长城分隔南北，这是线的介绍，最后写日观峰与其遥遥相望，由此具体到"点"。一是下文写日观峰；二是层次清晰分明；三是感受到虽然冰天雪地荒寒一片，仍存生机勃发之感，而整体并未产生生硬冰冷的感受，水流不息仍饱含生意，这就奠定了作者的情感基调。

活动三：激活创作，点评分析。

1.学生点评示例。

无畏登山图

乘风冒雪历齐长，

穿谷越城至泰安。

子颖同历七千级，

登南麓兮越中岭，

复循西谷至其巅。

登山的过程虽然只是简单的地理位置的复述，但是穿、登、历、越、循等一系列动词连用，作者与友人不辞辛劳、乘风冒雪无畏艰辛之态毕显。

设计这一环节的意图有二：其一，阅读文章需要提取、梳理语言，进而准确化用、提炼写法；其二，采取学生沉浸写作、相互点评的方式，真正调

动学生进入语言、运用语言的积极性，活学活用，参与其中，使每一个人都有收获感。

2. 请学生分组合作从山顶远望图、泰山日出图、人文景观图、自然景观图任意选取一幅改写成小诗，诗体不限。

活动预估：合作写作过程可探究喜欢的佳句炼字及其妙处，分别请学生扮演并点评。此环节需要现场生成，有极大的不确定性。但学生的参与度极高，呈现也令人惊喜，既有七言、五言，还有现代诗。并且在相互点评的过程中，都有敏锐的感受，在适当点拨下不但能明确语言的修辞之妙、遣词造句之妙等，还能自主发现写景过程中作者能够调动多种感官，写法极为精妙，如色彩词的使用、动静结合的手法、富有逻辑层次、语言精练简洁之妙等。

任务三：质疑深思——探究意图明情怀

活动一：借《自然景观图》质疑，延伸思考。

> 多石多松多平方，
>
> 少土少圆少杂树。
>
> 无树无水无鸟兽，
>
> 风雪积面与膝齐。

"三多""三少""三无"，这样的自然景观任谁读之都并不觉其美，为何作者还要如此细致描摹，不可以加以取舍吗？

质疑细节：史有记载最高峰明明是玉皇顶，作者为何说是日观峰？请学生思考还有什么疑惑。

独到思考：为什么路线变化，舍近求远？为什么要在除夕前夜冒雪登山？为什么有时写景极壮美，有时又令人感到凄清寒凉？……

"尽信书，不如无书"的另外一种解读是，尽信表面之意，不去探究其令人生疑生惑之处并不是真正意义上的读书，而欲探究其意，知人论世、还原历史情境是不二法门。

活动二：知人论世明其意。

清朝大兴文字狱，这令姚鼐对仕途险恶充满隐忧，不适应这样的官场，在周中明先生《桐城派研究》《姚鼐研究》中，也提到了他与纪晓岚、戴震有文学主张上的矛盾。

另一方面，姚鼐下定决心要扛起开创桐城派的大旗。在《赠钱鲁思》一诗中明确表达其观点："门户难留百年盛，文章要使千秋垂。"

明确情怀：一面是对现实处境的郁闷愤懑，一面是对未来充满憧憬。一面是冰，一面是火。这样矛盾的心态曲隐体现于字里行间。

由此，体现出姚鼐张扬个性、藐视王权、不畏困难、胸怀远大、刚强坚毅……

四、课堂总结

《登泰山记》的姚鼐正处于生命鼎盛时期，但由于君王宠信奸臣，大兴文字狱，使其下定决心辞官归乡，毅然扛起桐城派复兴大旗。此文正是在他归乡途中，途逢泰山，与友人相约于腊月二十九冒雪攀爬泰山而作。行文由泰山地理位置简介起始，进而介绍攀登过程，记录登泰山所见所闻所感；第二日于日观峰观看日出，泰山自然环境、人文环境等内容，按时间顺序以游踪为序次第展开。本文寓情于景，借由登山之景、山顶远望、日出图景、自然景观、人文景观等表现姚鼐既对现实愤懑不满，又对未来充满憧憬的矛盾心态。

 附

《登泰山记》导学案

一、知识链接，背景介绍

姚鼐于乾隆三十九年（1774）十月辞官归乡，此时42岁，正值盛年，编纂《四库全书》发挥才识的黄金时光，选择辞官是要下很大决心的。还原其历史背景：当时君王宠信奸臣，大兴文字狱，甚至同为桐城派创始人的姚鼐、同乡方苞也牵连其中。

戴名世，桐城派第一位代表人物，科举榜眼，曾著《南山集》，其中引用方孝标的南明史事，都察院左都御史赵申乔检举戴名世"倒置是非，语言狂悖"。于是一场文字大狱就此开幕：戴名世处斩，已故的方孝标发棺"戮尸"，戴、方族人流放宁古塔，为《南山集》作序者方苞入狱，刊刻的、贩卖的均得罪被捕。（《南山集》案）

二、初读文本，概括印象深刻的图景

段落/特点/名称	第一段	第二段	第三段	第四段
名称				
特点				

三、细读探究，活用文字写泰山

1. 你喜欢这篇文本吗？简述原因。

2. 仿照样例活用重述，并作整体评价。

请尝试点评示例：

无畏登山图

乘风冒雪历齐长，

穿谷越城至泰安。

子颍同历七千级，

登南麓兮越中岭，

复循西谷至其巅。

点评：

四、质疑探究，深入思悟情怀

自然景观图

多石多松多平方，

少土少圆少杂树。

　　　　　　无树无水无鸟兽，

　　　　　　风雪积面与膝齐。

请思考：这样的自然景观并不美，为何作者还要如此细致描摹？

细读文本，你还有什么疑惑之处吗？联系背景思考原因。

第二篇

高中语文
必修下册教学设计

以问题促思辨，以思辨助读写

——《烛之武退秦师》教学设计

黄敏健

一、学习目标

1. 在质疑、追问的过程中学会思辨的技巧，以此形成写作提纲，为完整的思辨类文章写作打下基础。

2. 在绘制思维导图的过程中掌握追问技巧，学会引申、思维拓展。

二、课堂情境

近日，浙江临海一名小学生"火"了。央视新闻、新华网、《人民日报》相继报道关于他的事迹。怎么回事呢？

2022年2月，临海市某小学的陈同学在预习三年级下学期的语文书时，看到第二单元第7课《鹿角和鹿腿》（文章选自《伊索寓言》）课文讲述一头鹿遇到了一只狮子。他发现文中配图用的是梅花鹿，与内容实际不符合——梅花鹿是不可能遇上狮子的。狮子主要分布在非洲与印度，梅花鹿则是在俄罗斯、中国还有日本，没有任何交叉的地方。

陈同学搜索了很多信息，又在网上请教专业人员，最终认为文章里说的那头鹿有可能是印度的豚鹿。抱着试试看的心态，他给出版社写了封信，说明这一情况。没想到，过了不久就收到了出版社的回信。

更让陈同学没想到的是，新学期三年级的语文新书中，这一课的配图真的改了，插图中小鹿身上的斑点没了。

朱熹曾说："读书无疑者须教有疑，有疑，却要无疑，到这里方是长进。"这位陈同学从教材中发现了问题，通过自己的研究求证，最终将有疑变成了无疑，恰恰是寻求真理的一个很好的方式。而他的这一种质疑精神，更是值得我们所有人学习的。

三、具体任务

近日，文学评论类公众号"灵江潮音"开辟"洞穴之光"专栏，面向中小学生征稿，征集广大学子在阅读经典和学习课文的过程中提出的独特看法，或是对教材内容的刊误，或是对前人评述的质疑，并以此写一篇不少于800字的具有思辨性的文章，出版社将择优发表推广。

任务一：质疑

今天我们的课堂主要任务就是从《烛之武退秦师》这一篇史传入手。在你学习的过程中，或从之前老师的讲授中，你对这一篇文章有没有产生过质疑？你觉得哪些地方是有疑问的？请大胆地说出你的想法。

提示：如何质疑？——抓住问题中的关键词多次提问（追问）。

示例：针对这篇经典课文的内容，以及前人对其的评述，今天我们的主要任务就是解决这样一个问题——烛之武游说成功，除了辞令巧妙外，还有什么深层原因？

任务二：追问

这个问题该如何回答，需要我们进一步去质疑。这里给大家介绍一个质疑或者说是思辨的小技巧——把问题中的关键词提取出来，进行多次提问，也就是我们常说的"追问"。

示例：这个问题的关键词有哪些？你觉得还有思辨空间的是哪一个？哪个可以继续提问？（烛之武游说成功）游说谁？（秦伯）

追问1：这个问题可以追问为"烛之武游说秦伯成功，除了辞令巧妙外，还有什么深层原因？"我们一起来读一下烛之武对秦伯说的话，同时请大家思考，烛之武成功的原因是什么？

提示：烛之武如何能退秦师？如果仅仅停留在烛之武的三寸不烂之舌和爱国之心是不够的，必须深入文本，分析烛之武严密的逻辑思维。（见导学案的"写作实践"）

追问2：顺着这个问题我们继续追问下去，既然不帮助晋国攻打郑国是有利无害的事情，那么秦伯撤退自己的军队就够了，为何要"使杞子、逢孙、杨孙戍之？"这样突然违约，烛之武不怕破坏"秦晋之好"的联盟吗？他不怕晋文公一怒之下向秦军开战吗？同学间相互讨论。

讨论明确：两国交战，除了以利益为主导外，还有一个很重要的制约因素——义礼。晋国主导发动了这一场围攻郑国的战争，又得到了秦伯的支持，秦晋围郑的一个重要的原因是郑国"无礼于晋"，大家可以看课文的注释——"晋文公早年出逃经过郑国时，郑国没有以应有的礼遇对待他"，即使这事已经过去了很久，但是"无礼"这个理由放在春秋战国时期却是很名正言顺的，是可以以此"群起而攻之"的。

正是出于这样的原因，秦伯也就不会担心晋文公向他开战了。事实上也是如此，我们看文章的最后——"子犯请击之。公曰不可"。子犯请求立马攻击秦军，为什么晋文公说不可呢？是军事实力不允许吗？我们来看晋文公的回答："微夫人之力不及此"，晋文公曾经在外流亡十九年，得到秦穆公的帮助才回到晋国做了国君。如果此时晋国去攻打秦国，晋文公就会落得一个"忘恩负义"的骂名。因此，晋文公才会说"因人之力而敝之，不仁"，这样是不仁义的事情。

追问3：再追问一个问题："为什么烛之武去游说秦伯，而不是退晋师呢？"结合我们刚才的探讨，你觉得烛之武能成功的根本原因是什么？

讨论明确：游说想要成功，要么晓之以利，要么喻之于义，要么既晓之以利又喻之于义。

晋秦围郑，对晋国来说其理由既有义礼，也有利益。而对于秦国来说似乎只有义礼而无利益。晋秦围郑中，秦国充其量是个"友情客串"的角色。所以在怎样对待郑国上，秦晋之间有巨大的差异，这是烛之武能退秦师的根本原因之一，也是烛之武不去"退晋师"的原因。

子犯劝说晋侯去攻打正在撤退的秦师，其理由有利益而无义礼，因而未能成功。晋侯的回答是："不可。微夫人之力不及此。因人之力而敝之，不仁……"这正好证明了单一的利益无法支撑对秦动武的主张。

烛之武劝说秦伯，动之以利，晓之以义。从舍郑与亡郑的角度谈利害。又从晋文公曾经背信弃义的角度分析晋国的不义，揭穿晋之不义自然就能显示郑国之义。利益与义礼俱全，使秦伯做出"正确"的选择就水到渠成了。

可以说，烛之武退秦师的原因，语言艺术是表层，触及的国家利益是根本，更有当时秦晋等以"礼"行事、为国礼才的深层原因。

任务三：写作

通过深入阅读本文，我们对于"烛之武游说成功的深层原因"有了深入的思考，并且形成了一些比较独特的观点。

但是，思辨的活动不能只局限于想，我们要学会边读边思考，更要学会把思考的结果通过文字表达出来。这就是余党绪提出的"思辨读写"概念。借助批判性思维的原理、策略与方法开展的读写活动，称之为"思辨读写"。这提示我们要善于以阅读助力写作，完成思辨的全部过程。

思辨性写作区别于我们常见的感性写作与情感性写作，譬如读后感与随笔。这样的写作强调自我的心理感受与情感反应，以感性见长；而思辨性写作则强调理性的反思，以严谨的思考与判断见长。

——余党绪《走向理性与清明——整本书阅读之思辨读写》

把我们刚刚的思路整理出来，就可以形成文字稿。请大家看导学案"写作实践"部分，这一篇文章里还缺了两行，请按照你的理解，和同桌一起合作，进行分工，一人填写一句，把空缺的语句补充完整。

示例：同学们写的句子可以很好地概括每一个文段的具体内容，其实不难发现，我们刚刚填写补充的就是每一段的分论点，而这个分论点其实就是我们在前面思辨过程中形成的提纲要点。这样看来，写作是很简单的一件事情。

任务四：引申

到了这里，我们获得了一些思考的成果，似乎所有的问题都已经解决了。让思维"再飞一会儿"，我们的思考还可以走向哪里呢？针对"烛之武成功的原因"这个话题，我们还可以如何思辨呢？对问题进行连续的追问之后，该怎样让思维继续下去？这就需要我们从话题引申。所谓"引申"，就是由此及彼，采用联系、联想、类比等方法。一般来说，对于思辨话题的引申，可以从横向、纵向等方面展开。横向是指在同一时间维度下，从政治、经济、文化等层面展开；纵向则是从时间的发展维度层面，由古至今，把过去、现在和未来联系起来思考。

引申1：请快速头脑风暴，由提纲中的关键词出发，对"烛之武游说成功的原因"这个问题的思考可以引申到哪些层面？请结合导学案中的资料将引申部分的内容补充完整。

示例：①从游说时谈利益联系到＿＿＿＿＿＿＿；②从三国讲义礼联想到＿＿＿＿＿＿；③从古时交战原则类比到＿＿＿＿＿＿。

角度：横向——政治、经济、文化、背景等；纵向——过去、现在、未来。

讨论明确：这个问题是没有标准答案的，只要思维走得足够远，立意就可以扩展到更高的地方。例如，可以从《烛之武退秦师》中的"义礼"扩展到春秋时期的"礼"，谈"礼文化"对国家民族自上而下的影响；可以比较儒家提倡的"为国以礼"中的"礼"与《烛之武退秦师》中的"礼"的异同，谈"礼"的现实意义；可以谈经典作品在借古讽今、经世致用层面的重要意义，以《烛之武退秦师》来谈当今中国的外交姿态。

引申2：导学案中的写作实践是没有标题的，那是因为我们针对"烛之武"这个话题还可以深入下去，思辨还可以继续进行下去。请将你的思考结果绘制成一张完整的思维导图。

示例：

《烛之武退秦师》思维导图

质疑："烛之武游说成功，除了辞令巧妙外，还有什么深层原因？"

↓

追问1："烛之武游说秦伯成功，除了辞令巧妙外，还有什么深层原因？"

↓

追问2："秦伯为何要'使杞子、逢孙、杨孙戍之'？"

↓

追问3："烛之武为什么不去游说晋文公？"

↓

引申：

① 横向：从"义礼"扩展到春秋时期的"礼"，谈"礼文化"对国家民族自上而下的影响。

② 纵向：比较儒家提倡的"为国以礼"中的"礼"与《烛》中的"礼"的异同，谈"礼"的现实意义；经典作品在借古讽今、经世致用层面有着重要的意义，以《烛》来谈当今中国的外交姿态。

四、课堂总结

今天，我们重读《烛之武退秦师》这篇经典，从对烛之武成功说服秦伯的原因产生质疑开始，不断地进行追问，从而有了思辨的结果，又从这一经典的思辨，横向、纵向引申开去，对于利益和义礼进行了深度探究与思考。这是思辨类写作的基本方法。同时，也请大家记住，经典文本的阅读是我们写作的"立身之本"，我们需要多阅读、多思考、多提问、多质疑，不断追问，善于引申，用问题促进思辨能力的发展，在思辨的过程中助力阅读与写作。

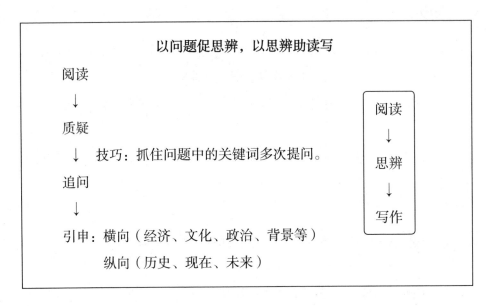

以问题促思辨，以思辨助读写

阅读
↓
质疑
↓ 技巧：抓住问题中的关键词多次提问。
追问
↓
引申：横向（经济、文化、政治、背景等）
　　　纵向（历史、现在、未来）

阅读
↓
思辨
↓
写作

五、自主探究

思辨的阅读与写作不能只局限于今天这样一堂课，老师为大家准备了几个问题，有余力的同学可以在课后自主探究，深入学习。

1.完成《烛之武退秦师》的思辨性写作。

2.项羽不杀刘邦仅仅是因为"为人不忍"吗？司马迁对鸿门宴的记述有没有"不合常理"的地方？有余力的同学可以尝试着写一篇关于《鸿门宴》的思辨作文。

示例：

（1）项羽真的是"为人不忍"吗？课文中有没有他"残忍"的表现？

（2）项羽不杀刘邦的原因还有什么？哪些是关键性的？

（3）《烛之武退秦师》和《鸿门宴》都拿"义"作为政治外交的一个说辞，如何理解他们口中的"义"？"义"在当今时代有没有现实价值？

（4）如何看待真实发生的历史事件、史书的记载和相关的文学作品中的"不合常理"之间的关系？

《烛之武退秦师》导学案

一、知识链接

1. 秦晋围郑是因为其"无礼"，晋文公不进攻秦军是要避免"不仁""不知""不武"，因而被古人赞为"有礼"。春秋时期，军事、外交活动中十分注重"礼"这一行为准则，对此你如何理解？

2. 孔子提出的"为国以礼"和《烛之武退秦师》里的"礼"是否相同？

《论语》中与"礼"相关的语录：

子曰："兴于诗，立于礼，成于乐。"（《论语·泰伯》）

子曰："恭而无礼则劳，慎而无礼则葸，勇而无礼则乱，直而无礼则绞。"（《论语·泰伯》）

有子曰："礼之用，和为贵。先王之道，斯为美，小大由之。"（《论语·学而》）

子曰："导之以政，齐之以刑，民免而无耻；道之以德，齐之以礼，有耻且格。"（《论语·为政》）

3. 结合《曹刿论战》《屈完及诸侯盟》《展喜犒师》《弦高犒师》《申包胥哭秦庭》等《左传》名篇探讨春秋时期"礼"的意义。

曹刿论战

十年春，齐师伐我。公将战，曹刿请见。其乡人曰："肉食者谋之，又何间焉？"刿曰："肉食者鄙，未能远谋。"乃入见。问："何以战？"公曰："衣食所安，弗敢专也，必以分人。"对曰："小惠未遍，民弗从也。"公曰："牺牲玉帛，弗敢加也，必以信。"对曰："小信未孚，神弗福也。"公曰："小大之狱，虽不能察，必以情。"对曰："忠之属也。可以一战。战则请从。"

公与之乘，战于长勺。公将鼓之。刿曰："未可。"齐人三鼓。刿曰：

"可矣。"齐师败绩。公将驰之。刿曰:"未可。"下视其辙,登轼而望之,曰:"可矣。"遂逐齐师。

既克,公问其故。对曰:"夫战,勇气也。一鼓作气,再而衰,三而竭。彼竭我盈,故克之。夫大国,难测也,惧有伏焉。吾视其辙乱,望其旗靡,故逐之。"

4.关于"礼"的几则材料:

礼,经国家,定社稷,序民人,利后嗣者也。(《左传·隐公十一年》)

夫名以制义,义以出礼,礼以体政,政以正民,是以政成而民听,易则生乱。(《左传·桓公二年》)

子大叔见赵简子,简子问揖让、周旋之礼焉。对曰:"是仪也,非礼也。"简子曰:"敢问何谓礼?"对曰:"吉也闻诸先大夫子产曰:'夫礼,天之经也,地之义也,民之行也。'……"(《左传·昭公二十五年》)

夫礼,死生存亡之体也。将左右、周旋、进退、俯仰,于是乎取之。朝、祀、丧、戎,于是乎观之。(《左传·定公十五年》)

凡人之所以贵于禽兽者,以有礼也。故《诗》曰:"人而无礼,胡不遄死?"礼,不可无也。(《晏子春秋·谏上二》)

乐也者,情之不可变者也。礼也者,理之不可易者也。乐统同,礼辨异。礼乐之说,管乎人情矣。(《礼记·乐记》)

如春秋时犹尊礼重信,而七国则绝不言礼与信矣。春秋时犹宗周王,而七国则绝不言王矣。春秋时犹严祭祀,重聘享,而七国则无其事矣。春秋时犹论宗姓氏族,而七国则无一言及之矣。春秋时犹宴会赋诗,而七国则不闻矣。春秋时犹有赴告策书,而七国则无有矣。(顾炎武《日知录》卷十三)

二、写作实践

《烛之武退秦师》是《左传》中的名篇,讲述了烛之武凭借个人的雄辩口才力挽狂澜,劝退百万雄师的故事。历来,他的三寸不烂之舌和拳拳爱国之心为人所称道,但我们不禁要发问——烛之武游说成功,除了辞令巧妙外,还有什么深层原因吗?

_____烛之武游说成功,他说动了谁?是秦伯。烛之武是对秦伯说了些什么？第一，"越国以鄙远，君知其难也，焉用亡郑以陪邻？邻之厚，君之薄也"。晋国处在秦国和郑国之间，如果秦国帮助晋国打下郑国，那么按照地理位置的远近，郑国最后多数会被吞并到晋国的辖区内，晋国的土地范围大了，那么对于秦国来说，自己的相对实力也就变弱了，因此，亡郑是对秦国不利的。第二，"若舍郑以为东道主，行李之往来，共其乏困，君亦无所害"。如果放弃攻打郑国，那么郑国和秦国两国建立邦交，对于秦国来说也是没有害处，甚至还是有好处的。第三，"朝济而夕设版焉""何厌之有""若不阙秦，将焉取之？"晋文公言而无信，曾经对秦伯做过失信的事情，并且他的欲望是不会满足的。再向东吞并郑国，那么也会想着向西攻打秦国，这些都是晋国可能做的事情，是损害秦国利益的隐患。从这些地方不难看出来，烛之武的逻辑思辨能力强大的原因是分析出了当时秦国、晋国、郑国所处的形势。而最能打动秦伯的原因是抓住了秦国的利益。从秦国的利益出发，来分析形势，才能做到以三寸不烂之舌力挽狂澜。

晋国主导发动了这一场围攻郑国的战争，又得到了秦伯的支持，秦晋围郑的一个重要的原因是郑国"无礼于晋"——晋文公早年出逃经过郑国时，郑国没有以应有的礼遇对待他。即使这事已经过去了很久，但是"无礼"这个理由放在春秋战国时期却是很名正言顺的，是可以以此"群起而攻之"的。正是出于这样的原因，秦伯不会担心晋文公会向他开战。事实上也是如此，文章的最后——"子犯请击之。公曰不可"。子犯请求立马攻击秦军，为什么晋文公说不可呢？是军事实力不允许吗？我们来看晋文公的回答："微夫人之力不及此。"晋文公曾经在外流亡十九年，得到秦穆公的帮助才回到晋国做了国君。如果此时晋国去攻打秦国，晋文公就会落得一个"忘恩负义"的骂名。因此，晋文公才会说"因人之力而敝之，不仁"，这样是不仁义的事情。

————————秦晋围郑，对晋国来说其理由既有义礼，也有利益。晋国通过攻击郑国"无礼于晋"来显示自己的义礼。秦晋围郑，对于秦国来说似乎只有义礼而无利益。秦晋围郑中，秦国充其量是个"友情客串"的角色。所以在怎样对待郑国上，秦晋之间有巨大的差异，这也是烛之武能退秦师的根本原因之一，也是烛之武不去"退晋师"的原因。子犯劝说晋侯去攻打正在撤退的秦师，其理由有"利益"而无"义礼"，因而未能成功。晋侯的回答是："不可。微夫人之力不及此。因人之力而敝之，不仁……"这正好证明了单一的利益无法支撑对秦动武的主张。烛之武劝说秦伯，动之以利，晓之以义。从舍郑与亡郑的角度谈利害。又从晋文公曾经背信弃义的角度分析晋国的不义，揭穿晋之不义自然就能显示郑国之义。利益与义礼俱全，秦伯做出正确的选择就水到渠成了。可以说，烛之武退秦师的原因，语言艺术是表层，涉及利益才是根本，更因为当时秦、晋等国以"礼"行事、为国以礼。

曲中见俗

——《窦娥冤》教学设计

高双双

一、学习目标

1. 通过与诗、词的比较，明晰元曲"俗"的特点。

2. 通过对文本关键曲牌的探究，梳理曲"俗"的具体特征，把握本色派的创作特点，并通过创建词条形成思维导图。

3. 品析窦娥的三桩誓愿，体悟本单元"良知与悲悯"的主题。

二、课堂情境

唐诗、宋词、元曲，以及明清的小说，是各个时代的明珠。古人有"诗庄词媚"一说，也就是诗词有着不同的风格。那么，元曲又该用一个什么字概括呢？今天，我们课堂的主任务就是找出一个词来精准概括曲的特点，并创建一个与之相关的词条。

三、具体任务

任务一：比较文体明曲俗

乱世（改编自【滚绣球】）

乾坤颠倒鬼神乱，世道失常天地寒。为善含冤无人雪，造恶享福又寿延。

六月雪（改编自【二煞】）

暑气暄，下雪天，飞霜六月因邹衍？一腔怨气喷如火，六出冰花滚似

锦，尸骸现。素车白马，古陌荒阡！

具体任务：将改编而成的诗歌《乱世》、词《六月雪》分别与课文中的原曲【滚绣球】【二煞】进行比较，从而区别诗、词、曲的不同。学生先自行思考，再与同桌讨论，最后发言。

明确：

诗 { 内容上：多表达政治主题，以国家兴亡、民生疾苦、宦海浮沉为主。
形式上：句式相对整齐，讲究韵律。

词 { 内容上：多写男欢女爱、相思离别。
形式上：长短有致，平仄字数有一定的规定。

曲 { 内容上：既可表家国情怀，又可写儿女情长，题材更为自由。强化人物感情，表现人物个性。
形式上：语言通俗（俚语），句式自由（衬字）。

<u>诗（庄）</u>，诗歌具有庄重庄严的端庄之美，有严谨的句式与结构；绝句、律诗对平仄押韵有严格的要求。

<u>词（媚）</u>，词具有妩媚清丽的美好之姿。词有固定的词牌，句式长短有致，对平仄字数有一定要求，小令、慢词也不尽相同。

<u>曲（俗）</u>，曲的内容通俗易懂，用韵较简单，句式长短不一，用词更灵活，多用口语，多受民间文化影响，可单唱也可合成套曲。

任务二：分析文本悟曲俗

活动一：见俗。

在词条的创建中，我们以《窦娥冤》为主例分析曲子的特点。请从"语言通俗""句式自由"和"表现人物个性"三个方面结合文本分析，从而为词条的创建准备素材。

1.语言通俗——俚语

通俗的或通行面极窄的方言词称为俚语，多出于巷陌，通俗流畅，别具风格。在《窦娥冤》中，"兀的""咱""澾""陌""则是""也么哥"

等，都是那时流行于普通百姓中的俚语。

2. 句式自由——衬字

在曲律规定字数之外增加的字称为衬字。它不讲平仄，不拘字数，可补语义，可增强语言感情色彩，也可淋漓尽致地表达感情，从而增强作品的感染力。衬字一般用于句首或句中，句末则很罕见，如【滚绣球】中的"只合把""可怎生""做得个""却原来也这般"，【二煞】中的"你道是""不是那""岂不闻""若果有""定要感的""免着我"等都是衬字。

3. 人物个性化

人物性格独特，拥有自己的特质。在《窦娥冤》中，窦娥既有直白控诉天地的反抗精神（刚硬的一面），又有作为一个孤立无援的女性的软弱与无奈，这体现在"哎，只落得两泪涟涟"和上刑场时故意避开婆婆等细节上（柔的一面），人物个性鲜明。

在《窦娥冤》这出杂剧中，除了窦娥的个性化之外，其他人物也各有特性。

根据以下内容完成导学案中"连线"题。

其中，窦天章的宾白充满了文人气质，张驴儿的则是流氓气，赛卢医是一个典型的庸医，而桃杌太守则是昏官、贪官，短短一句台词，人物性格跃然纸上，这就是曲子人物个性化的典型体现。

小拓展：

关汉卿的戏剧，人物个性化，语言通俗化，王国维在《宋元戏曲考》中评价说："关汉卿一空依傍，自铸伟词，而其言曲尽人情，字字本色，故当为元人第一。"他的作品被称为"本色派"，与以王实甫为代表的"文采派"共同构成了元杂剧的流派。

"本色"，即语言通俗自然、朴实生动，符合剧中人物的身份和个性，能为展开剧情和刻画人物性格服务。

活动二：见雅。

质疑1：我们说元曲的特点是"俗"，那么是不是意味着元曲是一俗到底呢？如果不是，请你们在文中寻找"雅"之处。

明确：元杂剧的语言与唐诗宋词相较而言是质朴无华、简单通俗的，但是不代表这样的语言失去了其文人性特征以及诗性特征。

"雅"具体体现在以下几个方面。

第一，妙用手法，如用典、比喻、融情于景等。

《窦娥冤》用典分析：

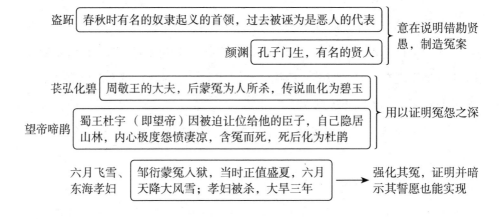

第二，用词雅致，如青天、素练、古陌荒阡等。

第三，韵律和谐，全诗押an韵，一韵到底。

总结：元曲——雅俗共赏，以俗为要。

质疑2：为何元曲要独开一支，呈现出"雅俗共赏，以俗为要"的特点呢？

明确：一方面，元代大批文人沦落下层，成为书会才人，元曲出自这些文人雅士，他们的作品中多多少少呈现出雅致的特点；另一方面，元曲主要是唱给市井百姓听的，剧作家为了让元杂剧能够走进寻常百姓的生活，有意识地弱化其雅的成分。

活动三：雅俗共赏。

结合上面所说的方法，赏析以下内容。

1.《窦娥冤》中的任一曲子。

2.《西厢记》的【脱布衫】"下西风黄叶纷飞，染寒烟衰草萋迷。酒席上斜签着坐的，蹙愁眉死（怕得要死）临侵（形容赢疲）地"。

注意：每个曲子都要赏析其雅（韵律、用词、手法）和俗（句式自由、语言通俗、人物个性化）的内容。

明确：【快活三】曲子音调和谐，有韵律美。三个"念窦娥"句式工整，第四句通过一声呼唤变换句式，错落有致，朴实自然中有一种流转跌宕的节奏。将质朴浅俗的口语锤炼得委曲细致，既符合窦娥身份，又反映了窦娥的善良与命途多舛。

【脱布衫】前两句颇类诗词，多用意象，渲染了萧瑟凄冷的秋日氛围，同时符合相府千金的身份，才情卓然。后两句用俗语，描绘人物分离之态，直白地表达了莺莺为离愁别恨所引起的痛苦抑郁的心情。

任务三：体悟文本挖曲俗

深挖文本，找出曲"俗"的其他表现。

提示：关注剧本的组成和本折的誓愿。

1. 以白辅唱

宾白用来陈述誓愿内容；曲词则用以丰富、补充，抒发强烈感情。如文中的高潮——三桩誓愿，都是以宾白的形式先说一遍，再由曲词唱一遍。

宾白	曲词
若是我窦娥委实冤枉，刀过处头落，一腔热血休半点儿沾在地下，都飞在白练上者	不是我窦娥罚下这等无头愿，委实的冤情不浅……我不要半星热血红尘洒，都只在八尺旗枪素练悬
……若窦娥委实冤枉，身死之后，天降三尺瑞雪，遮掩了窦娥尸首	若果有一腔怨气喷如火，定要感的六出冰花滚似绵，免着我尸骸现……
……我窦娥死的委实冤枉，从今以后，着这楚州亢旱三年！	做甚么三年不见甘霖降？也只为东海曾经孝妇冤，如今轮到你山阳县

引导分析：相较于宾白，曲词"雅"的程度、情感浓度更深，如誓愿一中的"红尘""素练"形成了红与白的色彩对比，更能表达窦娥的愤懑，同时也给予听者（读者）更强烈的情感冲击。既然宾白与曲词所表述的内容大同小异，那么为何同样的内容要反复？本文的三桩誓愿是全文乃至全剧的高潮，有着极高的艺术价值，对于重要内容作强调说明，这是文学的常用表达技巧。同时，元杂剧的受众主要是普通百姓，他们的文学素养并不高，为了让他们更好地理解曲词内容，用宾白辅助说明曲词是元杂剧的一种常用手法。

2. 正奇结合

元杂剧多致力于揭示社会问题，体现了正剧的特质，同时，文中融入了一定的奇幻内容，即所谓正奇结合。《窦娥冤》前面铺陈窦娥之冤，折射社会现实。文末三桩誓愿的实现，则给全文蒙上了浪漫主义的色彩。除本文外，关汉卿的《蝴蝶梦》、郑光祖的《倩女离魂》在揭示社会问题之外，都融入了较为浓厚的奇幻色彩。而通过浪漫主义手法，借助想象和夸张，来表达愿望，这正是民间传统文学的习惯，如我们中国古代的四大民间故事《牛郎织女》《孟姜女哭长城》《梁山伯与祝英台》和《白蛇传》。

质疑3：有人认为窦娥是善良的野蛮人，她的誓愿"六月飞雪，楚州亢旱"是一种复仇，一种盲目的、野蛮的报复，将一己私仇扩大至整个楚州，你如何评价这种看法呢？

（1）它创造了浓郁的悲剧气氛，让古往今来读者共鸣于窦娥惊天地、泣鬼神的冤仇，从而深深地同情其遭遇。

（2）着力表现主人公至死不屈的斗争精神，这种精神甚至产生了感动天地的力量，让同处苦难的人有了一丝安慰。

（3）三桩誓愿违背常理，但合乎人情，充分体现了人民伸张正义，杀尽贪官污吏，洗雪冤屈的良好意志与愿望。

三桩誓愿得以实现，我们从中窥见了作者的悲悯情怀，这悲悯情怀一方面指向当时的百姓；一方面穿越历史，映射在后世的我们身上。而这，恰是经典作品的魅力。我们不能从现实的、功利的层面去分析经典作品中的"奇幻"部分，而应从审美的、情感的角度切入。

审美价值，以情感为核心

↓

浪漫的手法，现实的映照：百姓的朴素愿望

↓

文学的意义——良知与悲悯（作者、当时的百姓、后世的我们）

任务四：创建词条现曲俗

小组合作，以《窦娥冤》为主要例子，结合课堂内容创建"曲俗"的百度词条。

参考：

一、曲俗内涵

曲俗，指曲的主要特点为"俗"，曲的内容通俗易懂，用韵较简单，用词更灵活，多用口语，多受民间文化影响，呈现出语言通俗、句式自由等特点。

二、具体表现

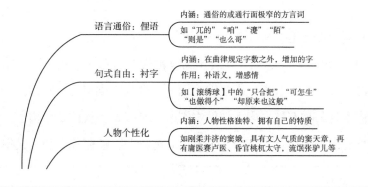

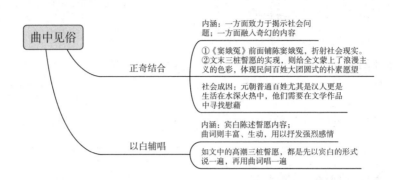

三、代表作品

1. 关汉卿《窦娥冤》

《感天动地窦娥冤》（简称《窦娥冤》）刊行于明万历十年（1582）。全剧四折一楔子，写弱小寡妇窦娥，在无赖陷害、昏官毒打下，屈打成招，成为杀人凶手，被判斩首示众。临刑前，满腔悲愤的窦娥许下三桩誓愿：血溅白练，六月飞雪，大旱三年。果然，窦娥冤屈感天动地，三桩誓愿一一实现。这出戏展示了下层人民任人宰割，有苦无处诉的悲惨处境，控诉了贪官草菅人命的黑暗现实，生动刻画出窦娥这个女性形象。该剧同时体现了关汉卿的语言风格，言言曲尽人情，字字当行本色。

2. 关汉卿《蝴蝶梦》

写皇亲葛彪无故打死王老汉，王氏兄弟三人为报父仇也打死葛彪，因而被捕入狱。包拯梦见蝴蝶受到启发，释放三子。全剧共四折一楔子。

3. 郑光祖《倩女离魂》

《倩女离魂》（全名《迷青琐倩女离魂》）本出于唐代陈玄祐的传奇小说《离魂记》。宋代人改编为话本，金代人则编为诸宫调。元杂剧初期作家赵公辅有同名剧本，但本剧改动了传奇小说的若干情节，如突出张母的门第观念："三辈儿不招白衣秀士"，使张倩女和王文举的婚姻得不到肯定。这是倩女忧虑的一个重要因素，她忧虑的第二个因素是怕"他得了官别就新婚，剥落呵羞归故里"。封建婚姻筑在"门当户对"的基础上，嫌贫爱富的岳父母，比比皆是，而且高中后抛却原妻的男子也不在少数。这使倩女忧思重重，心神不定，灵魂离开了躯体去追赶情人，表现了她对封建门阀观念的反抗，和对婚姻自主的追求。因此，这样的改编实际上又有创造性。

 附

《窦娥冤》导学案

一、比较

乱世（改编自【滚绣球】）

乾坤颠倒鬼神乱，世道失常天地寒。为善含冤无人雪，造恶享福又寿延。

六月雪（改编自【二煞】）

暑气暄，下雪天，飞霜六月因邹衍？一腔怨气喷如火，六出冰花滚似锦，尸骸现。素车白马，古陌荒阡！

具体任务：将改编而成的诗歌《乱世》、词《六月雪》分别与课文中的原曲【滚绣球】【二煞】比较，总结诗、词、曲的不同。

诗（庄）：

词（媚）：

曲（　）：

二、连线

1."从今日远践洛阳尘，又不知归期定准，则落的无语暗消魂。"

桃杌太守

2."帽儿光光，今日做个新郎；袖儿窄窄，今日做个娇客。好女婿，好女婿，不枉了，不枉了。"

赛卢医

3."行医有斟酌，下药依《本草》。死的医不活，活的医死了。"

张驴儿

4."我做官人胜别人，告状来的要金银。若是上司当刷卷，在家推病不出门。"

窦天章

三、赏曲

1.《窦娥冤》中的任一曲子。

2.《西厢记》的【脱布衫】"下西风黄叶纷飞，染寒烟衰草萋迷。酒席上斜签着坐的，蹙愁眉死（怕得要死）临侵（形容赢疲）地"。

四、建词条

思维可视，化繁为简

——以《中国建筑的特征》为例

厉晶晶

一、学习目标

1. 理解并运用思维导图，提升具有科学理性的思维品质。

2. 梳理文章内容，概括中国传统建筑的特征和风格，积累相关语言与文化知识。

3. 感受作者对中国传统建筑的热爱，深化自己对中国传统文化的认识。

二、课堂情境

《梁》是为了纪念梁思成先生去世40周年编成的一本书，2013年由中国青年出版社出版。十年过去了，出版社想再版此书，并在每篇文章前嵌入一幅思维导图，帮助读者快速了解文章内容。

三、学习任务

任务一：想一想，选一选，感受导图

请根据下列使用情境，选用适宜的导图类型。

1. 北大培文杯的征文题目是"重"，你想借助思维导图进行联想，你会选择＿＿＿＿＿＿＿＿＿＿＿＿。

2. 学完必修上册，你想为中国古典诗歌发展脉络画一张思维导图，你会

选择_____。

3. 在决定高考"六选三"（或"七选三"）科目时，你不确定是否该选物理，想借助思维导图罗列利弊，你会选择_____。

学生回答：第1题可以选用气泡图或者树状图，第2题可以选用流程图或时间轴图，第3题可以选用括号图等。

从而明确：括号图、流程图、鱼骨图和时间轴图等呈现规整特点；气泡图、树状图等呈现灵动特点。

任务二：理一理，画一画，生成导图

思维导图可以用来梳理文章的写作思路，帮助我们快速掌握文本的秘密。请学生在通读课文后，从四种结构图示（树状图、气泡图、流程图和括号图）中挑选一种（可适当改变结构，也可自创一种），为课文绘制一幅思维导图，并结合文章内在逻辑说明理由。

学生在导学案上绘制完成后，上台分享自己的发现。（下图为用括号图绘制《中国建筑的特征》文本思路）

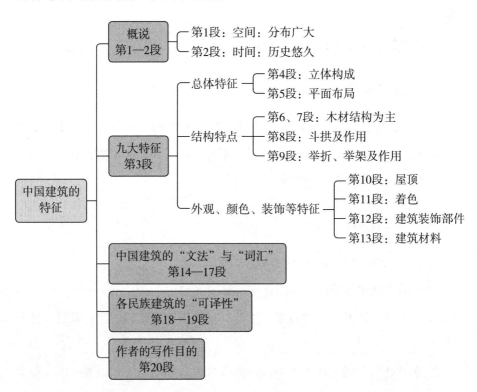

任务三：议一议，说一说，应用导图

小组合作：本文文题是"中国建筑的特征"，文本关于中国建筑的特征的内容主要集中在第3—13段。那么文本的第1—2段、第14—19段、第20段是否可以删去？若保留，有何意义？

小组就此展开讨论，潜入文本，发现字与字之间潜藏的作者的秘密。（讨论过程中需要填写导学案中的表格）

经过讨论，小组明确：

第1—2段，作者首先提出中国建筑体系是"独特的"这一观点，并从地域和历史即空间和时间两方面阐述中国建筑的影响。这是全文的引论部分，呼应文题中的"中国"二字，凸显出作者的骄傲、自豪之情。

第14—19段，写建筑"文法""词汇"及"可译性"，使本文更加通俗易懂，能让人联想迁移，正如"古代诗歌语言的暗示性"一样，通过林庚先生的讲解，我们就知晓了自己暗示性生发的心理路径。

第20段，凸显作者写作目的。作者连用5个"我们"，看似拗口，实则是作者的良苦用心。本文写于1954年。新中国成立之初，随着北京新城建设的开展，古城的城墙和城门也随之面临被拆除的命运。为此，梁思成奔走呼吁："中国建筑之个性乃即我民族之性格"，"一个东方老国的城市，在建筑上，如果完全失掉自己的艺术特性，在文化表现及观瞻方面都是大可痛心的。因这事实明显地代表着我们文化衰落，至于消失的现象"。在北京城墙存废的辩论会上，他说，拆城墙如同抽他的筋、剥他的皮一样。他曾向中央政府谏言，在西郊建新北京，以保护北京古建筑和城墙。然而，他的呼吁无济于事，城墙被拆了，随后代表老北京的城楼和牌坊也被拆除了，对古建筑的大规模拆除开始蔓延。在明清古城墙被拆毁时，梁思成与林徽因抚砖痛哭。梁思成先生本人也因提倡以传统形式保护北京古城而多次遭到批判。

从1950年开始，北京随着旧城改造和地铁修建，古建筑开始消失。历史记载，1952年，长安左门和长安右门被拆除，1954年，地安门被拆，遭受同样命运的，1956年是朝阳门，1965年是崇文门和阜成门、东直门，到1969年是西直门。而梁思成先生于1972年去世，见证了一座座古建筑的消失。

四、课堂总结

梁思成说，"建筑是一切人类造型创造中最庞大、最复杂、最耐久的一类，而且也是全世界保存得最完好的，有传统、有活力，最珍贵、最特殊的艺术"。这些"最"，就是建筑在梁思成心中的分量。而回顾梁思成一生的研究，我们发现，建筑不只是建筑而已。本节课运用思维导图，让我们快速把握写作思路，化繁为简，使思维可视。

 附

《中国建筑的特征》导学案

【学习任务】

1. 通读课文后，从下列四款结构图示中挑选一种（可适当改变结构，也可自创一种），为课文绘制一幅思路图，并结合文章内在逻辑说明理由。

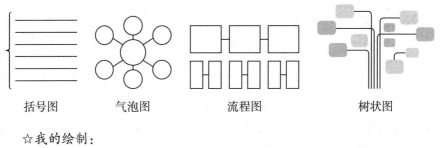

括号图　　　　气泡图　　　　　流程图　　　　　树状图

☆我的绘制：

绘制人：

2. 小组研讨

小组合作分工表

组员	姓名	分工
组长1		组织讨论+介绍分工
组员2		选点细读＋代表分享组内研读成果
组员3		选点细读＋记录讨论要点
组员4		选点细读＋研读文本

☆我们小组的发现：

诗性与理性：以问题思维读懂诗歌语言的暗示性

——《说"木叶"》教学设计

李秀娥

一、学习目标

1. 理解中国古代诗歌中"木叶"与"树叶"在艺术形象上的区别及其原因，了解诗歌语言具有暗示性的特点。

2. 抓住关键概念，分析文章各部分之间的逻辑关系，把握作者陈述学术见解的思维过程及阐释、推理的方法，深入理解文章的观点。

3. 通过梳理文中的"问题"，体味作者个人审美体验背后的缜密思维，将"问题意识"学以致用，凸显审美体验与理性思考。

二、课堂情境

校报第四版专门刊登学生的作品，包括"校园文学"和"课堂内外"两个栏目。请你根据课堂学到的思维方式，自选一个或一对诗歌形象，搜集资料，像林庚先生一样，用问题推进自己的思考，分析这个（对）诗歌形象在古诗中的暗示性，以及诗人们根据个人审美体验生发出的创造性，再将自己的思考形成文章，向校报"课堂内外"投稿。

三、具体任务

任务一：罗列诗句，分类梳理

活动一：重回发轫，学术的源头是好奇。

罗列文中所有引用的诗句，请同学找出共同的形象，按照自己的标准分类，并提出自己的见解或疑惑。可分组讨论，进行头脑风暴，激发思维的火花。

（1）袅袅兮秋风，洞庭波兮木叶下。（战国屈原《九歌·湘夫人》）

（2）洞庭始波，木叶微脱。（南朝宋谢庄《月赋》）

（3）木叶下，江波连，秋月照浦云歇山。（南朝齐陆厥《临江王节士歌》）

（4）秋风吹木叶，还似洞庭波。（北周王褒《渡河北》）

（5）后皇嘉树，橘徕服兮。（战国屈原《橘颂》）

（6）桂树丛生兮山之幽。（西汉淮南小山《招隐士》）

（7）庭中有奇树，绿叶发华滋。（无名氏）

（8）叶密鸟飞碍，风轻花落迟。（南朝梁萧纲《折杨柳》）

（9）皎皎云间月，灼灼叶中华。（东晋陶渊明《拟古》）

（10）亭皋木叶下，陇首秋云飞。（南朝梁柳恽《捣衣诗》）

（11）九月寒砧催木叶，十年征戍忆辽阳。（唐沈佺期《古意》）

（12）无边落木萧萧下，不尽长江滚滚来。（唐杜甫《登高》）

（13）辞洞庭兮落木，去涔阳兮极浦。（北周庾信《哀江南赋》）

（14）落木千山天远大，澄江一道月分明（北宋黄庭坚《登快阁》）

（15）秋月照层岭，寒风扫高木。（南北朝吴均《答柳恽》）

（16）高树多悲风，海水扬其波。（三国曹植《野田黄雀行》）

（17）午阴嘉树清圆。（北宋周邦彦《满庭芳》）

（18）美女妖且闲，采桑歧路间。柔条纷冉冉，落叶何翩翩。（三国曹植《美女篇》）

（19）静夜四无邻，荒居旧业贫；雨中黄叶树，灯下白头人。（唐司空

曙《喜外弟卢纶见宿》）

（20）日暮风吹，叶落依枝。（南朝梁吴均《青溪小姑歌》）

提示：

（1）形象：木叶、树、叶、落木、落叶、黄叶。在文中都指"树叶"这一概念。

（2）分类：朝代、时令、意境、情感、题材、体裁等。

朝代：战国2句，西汉1句，三国两晋南北朝11句，唐代3句，北宋2句，无名氏1句。

时令：秋季12句，季节不明显的3句，春夏5句。

意境：秋季的"树叶"形象大多是枯黄脱落，意境萧瑟凄清，情感多为伤感悲凉。

题材多为怀人思乡，体裁多为古体诗。

（3）你对上面诗句中"树叶"形象的研究结论或疑问。

① 古代诗人真的不喜欢用"树叶"，而更喜欢用"木叶"吗？

② "树叶""木叶"在含义和情感上有区别吗？

③ 是不是因为诗歌语言讲究"陌生化"，而"树叶"太常见通俗了呢？

④ 文中只选用了这些诗句，是不是有足够的代表性呢？

⑤ "树叶"真的没有好诗句吗？"树叶"为什么不能写出好诗句？

活动二：循序渐进，学术的开端是思考。

根据文章内容，梳理"木叶""树叶"在古代诗歌语言环境中的区别与联系。

形象	使用情境	外形	颜色	质地	意味	属性	联想（情感）	联系
木叶	秋风叶落	脱尽叶子	枯黄 微黄	干燥	空阔 舒朗	属于风	离人的叹息 游子的漂泊 清秋的性格	概念相同
树叶	春夏之交 满树叶子	繁茂枝叶	碧绿 褐绿	饱含 水分	绵密 柔情	属于雨	密密层层浓荫 缠缠柔情	

任务二：提纲挈领，思维导图

活动一：勾画"问题"，探讨思考路径。

（1）勾画出文中所有的"问题"，厘清作者的思考过程（下节选）。

① "木叶"是什么呢？

② 可是问题却在于：我们在古代的诗歌中为什么很少看见用"树叶"呢？

③ 可是为什么单单"树叶"就不常见了呢？

④ 可见洗练并不能作为"叶"字独用的理由，那么"树叶"为什么从来就无人过问呢？

⑤ 例如我们无妨这么说"无边落叶萧萧下"，岂不更为明白吗？

⑥ 然而天才的杜甫却宁愿省掉"木叶"之"叶"而不肯放弃"木叶"之"木"，这道理究竟是为什么呢？

⑦ 像"无边落木萧萧下"这样大胆地发挥创造性，难道不怕死心眼的人会误以为是木头自天而降吗？

⑧ 这冒险，这形象，其实又都在这一个"木"字上，然则这一字的来历岂不大可思索吗？

⑨ 首先我们似乎应该研究一下，古代的诗人们都在什么场合才用"木"字呢？

⑩ 例如吴均的《答柳恽》说："秋月照层岭，寒风扫高木。"这里用"高树"是不是可以呢？

⑪ 所谓"扫高木"者岂不正是"落木千山"的空阔吗？

⑫ 要说明"木"字何以会有这个特征……

⑬ 而"树"呢？

⑭ 至于"木叶"呢……

（2）在所有问题中，能体现作者思考过程（行文思路）的问题是哪几个？

提示：

针对①，点出文章论述的主要对象是"木叶"，引导读者思索其概念和内涵。

针对②，引出"木叶"的对照形象"树叶"，在对比中继续引导读者思

考原因。

针对⑧，承上启下，将研究重点放在"木"字上，举例分析"木"字在古诗中的使用历程，引出下文对"木叶"暗示性内容的分析。

针对⑨，"木"字的使用场合，其实就是探究"木"字的暗示性，照应"首先"，引出其第一个艺术特征是"仿佛本身就含有一个落叶的因素"。

针对⑫，引出"诗歌语言的暗示性问题"，进一步探究"木"的第二个艺术特征是"容易想起树干"及其"颜色性"，进而分析"木"的情感倾向。

（3）除了这五个能体现作者行文思路的"问题"，文中还有九个"问题"，甚至还有一些看起来似乎重复的问题。那些问题是不是就不必要了呢？尤其是问题②③④，指向几乎是重复的。如何理解？

我们不妨关注一下问题②③④之后作者的观点。

问题②后，作者紧接着说"其实'树'倒是常见的"。

问题③后，作者紧接着说"一般的情况，大概遇见'树叶'的时候就都简称之为'叶'""可见洗练并不能作为'叶'字独用的理由"。

问题④后，作者紧接着说的是自从屈原发现了"木叶"的奥妙，后来的诗人们就不断地推陈出新，"在前人的创造中学习，又在自己的学习中创造"。

综合三个相似问题之后的观点可以看出，作者并没有直接回答古代诗歌为什么很少用"树叶"一词的问题，而是以这个问题为契机，引出了古代诗人宁可用"树"也不用"树叶"的原因，并不仅仅在于"文字洗练"，也在于诗人们追求语言的创新。

在对这三个问题的"避而不答"中，作者其实引出了其他问题并做了回答，尤其是"树"和"树叶"的比较，"落木"对"木叶"的创新，可以看出作者其实考虑到了读者可能会有的质疑，并对开头同学们的质疑在一定程度上做了回答。所以，这三个问题看似重复，引出的结论却绝不雷同，而是有所补充，恰恰体现了学术的严谨与思维的严密。

作者并不是要给出一个诗歌解读上的"定理"，而是在自己充分阅读、理解诗句的基础上，对诗歌语言的暗示性和创新性进行必要的梳理和创造性的理解，这种学术精神与古代诗人的创作其实是一脉相承的。

活动二：勾画关键句，形成思维导图。

示例：

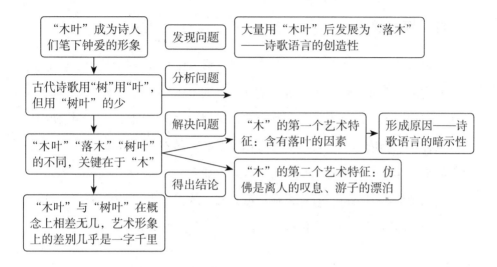

任务三：自选形象，学以致用

活动一：依托"诗性"，建构"理性"。

活动内容见导学案。

提示：

以"村"为例。古人在诗歌中，大多情况"村"字独用，如"山重水复疑无路，柳暗花明又一村"。如果要加上一个定语字，则大多用"江村"，也有用"远村""水村""烟村"。使用"乡村"的也有，如"乡村四月闲人少，才了蚕桑又插田"。

可以提出问题，如："江村"是什么样的村庄？在古代，所有的"村"本质上应该都是"乡村"，那为什么诗人们更爱使用"江村"？诗人在什么情况下使用"江村"？他们的处境、情感与村庄本身有何联系？只要有江水绕村就可以叫"江村"吗？其实大多数村庄都是依水而建的。那诗人在使用"江村""水村""烟村"的时候，主观情感和艺术效果是一样的吗？

类似的意象还有：石桥——板桥，青山——寒山，道路——古道，杨树——白杨，楼阁——西楼，小船——孤舟，太阳——白日，乌鸦——寒鸦（昏鸦），等等。

活动二：依据"理性"，探讨"诗性"。

活动内容见导学案。

四、课堂总结

诗歌是激情、想象和语言的艺术，评论诗歌则更需要热爱和积淀基础上理性的质疑、严谨的论证。《说"木叶"》就是这样一篇充分体现了作者文学素养和理性思考的文艺评论。林庚使用层层递进的"问号"，旁征博引，条分缕析，告诉读者中国古典诗歌爱用"木叶"而不用"树叶"主要是由于语言的暗示性，由"木叶"发展为"落木"则主要是语言的创造性。

而同学们牛刀小试，自选古典诗歌意象，依据作者的思维路径，学以致用，也一定深刻体会到了古代诗人对诗歌语言的追求与探索。

 附

《说"木叶"》导学案

任务一：罗列诗句，分类梳理

1. 罗列文中所有的引用诗句，请同学找出共同的形象，按照自己的标准分类，并提出自己的见解或疑惑。

（1）诗句中的形象及分类

（2）我的理解（疑问）

2. 根据文章内容，梳理"木叶""树叶"在古代诗歌语言环境中的区别与联系。

形象	使用情境	外形	颜色	质地	意味	属性	联想（情感）	联系
木叶								
树叶								

任务二：提纲挈领，思维导图

1. 勾画出文中所有的"问题"，按顺序标上序号，厘清作者的思维流程，找出你认为最能体现作者思考过程的"问题"。

最能体现作者思考过程的"问题"序号：

2. 画出全文的思维导图。

任务三：自选形象，学以致用

自选一组意象，依据作者在《说"木叶"》中的"问题"思维模式，形成自己的一组"问题"，并在以下两个任务中自选一个完成，然后向校报投稿。

1. 举一反三：将上述问题的思考结论形成文字，用不断追问推进思考，以"问题"串联全篇，形成思维连贯、逻辑严密的一篇文艺性说明文。

2. 敢于质疑：通过网络，搜集含有"木""树""树叶"之类词语的古诗词，分析各诗句营造的画面和意境特点，并与作者观点印证，最后以"再说'木叶'"为题，写一篇反驳作者观点的文章，表达自己的不同见解。

走进演讲经典，致敬革命导师

——《在〈人民报〉创刊纪念会上的演说》教学设计

张灵侠

一、学习目标

1. 学习演讲词，从演讲的目的、场合、对象和背景等方面把握演讲的针对性，领略演讲的鼓动性和感召力。

2. 梳理文章的思路，绘制思维导图；品味文章的语言特色，体会语言严密、准确和生动的特性。

3. 加深对"抱负与使命"的认识，学写演讲稿。

二、课堂情境

"一代人有一代人的长征，一代人有一代人的担当。"在五四青年节来临之际，校团委计划开展"致敬革命导师，承担青春使命"主题活动。

三、具体任务

任务一：发弹幕，致敬革命导师

观看一小段截取自纪录片《不朽的马克思》中的视频，进一步了解马克思。（播放视频）

这个视频，让我们对青年马克思有了许多直观的了解。同学们，你会怎样评价马克思呢？弹幕是很多视频播放器都具有的一种功能，可发表简短的话语（一般20字以内），与其他观赏者分享自己的感受。如果让你结合《在〈人民报〉创刊纪念会上的演说》和《在马克思墓前的讲话》中的词句写一句话，给这个视频添加一条弹幕，你会发什么？说说你的理由。请用这样的句式：我会发……，因为……

示例：我会发"为人类而工作"，因为无论是发现人类历史的发展规律还是参加无产阶级解放事业，马克思都为人类做出了伟大的贡献。

任务二：读经典，把握演讲的针对性

活动一：质疑。

同学们在自读中，产生了不少疑问，我将这些问题整理之后发现，主要集中在两个方面：一是结构思路；二是语言表达。其中，比较有代表性的问题如下。

（1）为什么不从报纸本身，而从1848年革命开始讲？"所谓"感觉有轻蔑的味道，为什么这样说？

（2）讲了"吵吵嚷嚷、模模糊糊地宣布了无产阶级解放这个19世纪的秘密"后，为什么却宕开一笔，讨论工业和技术的发展？

（3）演讲语言应该较口语化，为什么用"狡狯的精灵""刨土的老田鼠""光荣的工兵"等比较晦涩难懂的典故？

质疑1：为什么从1848年革命开始写？"所谓"感觉有轻蔑的味道，为什么这样说？

比较人民日报社原社长李善宝的《在人民日报创刊70周年纪念会上的演讲》和马克思《在〈人民报〉创刊纪念会上的演说》，说说开头的异同点。

补充资料：

1. 1948年6月15日，在解放战争节节胜利的炮火声中，《人民日报》在河北省平山县里庄创刊，并于次年3月迎着新中国成立的曙光，随党中央一同"进京赶考"。70年来，《人民日报》始终与党和人民同呼吸、共命运、心连心，始终坚持宣传党的主张、反映人民心声，始终是全国新闻舆论战线的排头兵。70年来，《人民日报》全面报道了党领导中国人民，中华民族从站起来、富起来到强起来的伟大历史进程，成为这一历史进程的记录者、见

证者和推动者，创造了自己光荣的历史。（人民日报社原社长李善宝，《在人民日报创刊70周年纪念会上的演讲》）

提示：都具有感染力和鼓动性；李善宝从报纸本身的贡献、意义讲，多用排比；马克思则是由1848年革命引入，主要用比喻的修辞。

2. 美国演讲专家理查德总结了即兴演讲的"四步曲"：第一步，喂，喂！第二步，为什么要浪费这个口舌？第三步，举例；第四步，怎么办？其中"喂，喂！"的意思是演讲的开头就要唤起听众的兴趣。我们就来探究一下马克思演讲词的开头是如何吸引听众的。

补充资料：

宪章派，19世纪三四十年代在英国宪章运动的影响下出现的文学流派。宪章运动，英国工人阶级争取以普选权为主的政治权利的群众运动。1836年至1848年共出现三次高潮，但均遭镇压。19世纪50年代，英国工人宪章运动处于衰落期，马克思和恩格斯参加了多家宪章派左翼报刊的工作，这些报刊中影响最大的是宪章派左翼领导人厄内斯特·琼斯主编的《人民报》。

提示：可从修辞、语言、演讲的针对性等角度思考。为更好地理解演讲的针对性，可引导学生从目的、对象、场合、背景等维度思考，也可以作这样一个假设——如果参加的是1848年革命纪念会，马克思又会怎么说？

质疑2：马克思认为1848年革命"吵吵嚷嚷、模模糊糊地宣布了无产阶级解放这个19世纪的秘密"，可他却宕开一笔，讨论工业和技术的发展，这是为什么呢？

梳理全文思路，展示学生思维导图。

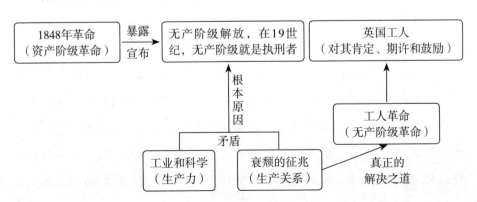

讨论明确：①为揭示中心蓄势。因为工业和科学快速发展促成了生产力的提高，而工人阶级的形成、壮大与此息息相关。②以具体现象，贴近生活，拉近与英国听众的关系，吸引听众的注意。因为英国是最早进行工业革命的国家，其工人阶级力量深厚，革命诉求也比较强烈。

活动二：溯文。

1. 梳理文本，完成表格。通过以上分析，我们可以明确演讲稿与一般的文章不同，它有着严谨的逻辑性、强烈的针对性和现场性，为了更好地说服现场观众，需要考虑具体的场合、目的、听众、背景、时间等因素。因此，充分思考演讲的针对性，有助于我们更好地理解演讲内容，欣赏演讲艺术。下面，我们利用表格对这篇演讲词的"针对性"进行一个梳理。

时间	1856年4月14日
场合	《人民报》创刊纪念会
听众	英国宪章派代表及其他无产阶级革命人士
背景	英国工人宪章运动处于衰落期
目的	分析社会现实，宣布无产阶级使命

2. 讨论解决"质疑3"。梳理后，我们再次研读这篇演讲词，也许我们之前的一些疑问也就迎刃而解了。

示例：第四段中出现了"狡狯的精灵""好人儿罗宾""会迅速刨土的老田鼠"等，我们原来觉得不好懂，现在明白了，因为这是莎士比亚剧作中的人物，对于英国听众来说是耳熟能详的，就好像我们中国人知道孙悟空、哪吒一样。这体现的其实也是演讲的针对性。

活动三：再现。

好的演讲是融合了声音、表情和动作的综合性语言交际活动。四人小组合作完成以下活动

1. 请模仿戏剧舞台说明，从表情、动作、语气、语调等角度为第一段标注"演讲说明"。

2. 推选一位代表来做演讲。

补充资料见导学案【示例】。

任务三：明使命，写下我的青春誓言

"一代人有一代人的长征，一代人有一代人的担当。"作为新时代的中国青年，你有没有想过自己的使命？下周班会课将以"抱负与使命"为主题开展，请你准备3分钟的发言稿。

四、课堂总结

《在〈人民报〉创刊纪念会上的演说》是马克思面对志同道合的革命友人作的即兴演说，以历史唯物主义的观点阐发了资本主义社会"干硬外壳"下的深层矛盾，即生产力和生产关系之间的矛盾；针对处于衰落期的英国工人宪章运动，富于前瞻性地宣告了无产阶级的历史使命——担当资本主义灭亡的"执刑者"。文章善用比喻和典故，将睿智的思想和深刻的理论表达得鲜活生动，极具鼓动性和感召力。

 附

《在〈人民报〉创刊纪念会上的演说》导学案

一、知识链接，追忆革命导师

1. 马克思生平

卡尔·马克思，全世界无产阶级的伟大导师、科学共产主义的创始人。伟大的政治家、哲学家、经济学家、革命理论家。

2. 马克思与《人民报》

马克思与英国工人运动保持着密切的联系，经常参与英国工人的报刊活动。19世纪50年代，英国工人宪章派运动处于衰落期，马克思和恩格斯参加了多家宪章派左翼报刊的工作，这些报刊中影响最大的是宪章派左翼领导人厄内斯特·琼斯主编的周报《人民报》。1856年4月，《人民报》创刊四周年之际，报纸编辑部举行了一个小型纪念会，马克思第一个发表了演说。

3. 马克思与恩格斯

弗里德里希·冯·恩格斯，德国哲学家，马克思主义的创始人之一。恩格斯是卡尔·马克思的挚友，被誉为"第二提琴手"，他为马克思创立马克思主义提供了大量经济上的支持，在马克思逝世后，帮助马克思完成了未完成的《资本论》等著作，并且领导国际工人运动。

二、初读文本，梳理文章结构

1. 结合《在〈人民报〉创刊纪念会上的演说》和《在马克思墓前的讲话》，用一句简短的话评价马克思（20字以内）。

2. 阅读《在〈人民报〉创刊纪念会上的演说》，填写这次演讲的关键信息。

时间	
场合	
听众	
背景	
目的	

3. 概括《在〈人民报〉创刊纪念会上的演说》每段主要内容，梳理结构思路并画出思维导图。

《在〈人民报〉创刊纪念会上的演说》思维导图

三、研读文本，理解演讲的针对性和感染力

1. 马克思的作品情感充沛，生动有力，但有的语言也让人感觉晦涩难懂，不合常理。请结合《在〈人民报〉创刊纪念会上的演说》中的具体文字，分别说说你的理解。

2. 请以四人为一组模仿戏剧舞台说明，为课文第一段标注出表情、动作、语气、语调等"演讲说明"，并推选一位代表进行演讲。

【示例】婵娟：（凝目摇头）先生，……那酒……那酒……有毒。……可我……我真高兴……我……真高兴！（振作起来）我能够代替先生，保全了你的生命，我是多么的幸运呵！……先生，我是一个普通人家的女儿，我受了你的感化，知道了做人的责任。我始终诚心诚意地服侍着你，因为你就是我们楚国的柱石。……我爱楚国，我就不能不爱先生。……先生，我经常想照着你的指示，把我的生命献给祖国。可我没有想到，我今天果然做到了。（渐渐衰弱）我把我这微弱的生命，代替了你这样可贵的存在。先生，我真是多么的幸运呵！……啊，我……我真高兴！……真高兴……

所谓的1848年革命，只不过是些微不足道的事件，是欧洲社会干硬外壳上的一些细小的裂口和缝隙。但是它们却暴露出了外壳下面的一个无底深渊。在看来似乎坚硬的外表下面，现出了一片汪洋大海，只要它动荡起来，就能把由坚硬岩石构成的大陆撞得粉碎。它们吵吵嚷嚷、模模糊糊地宣布了无产阶级解放这个19世纪的秘密，20世纪革命的秘密。

利弊对举，劝谏有法

——《谏逐客书》教学设计

何笑笑

一、学习目标

1. 把握文章结构，理清论证思路，掌握举例论证、比喻论证、对比论证等论证方法及其作用，提升辩证思维能力。

2. 学习古人劝谏艺术，加强对传统文化的理解，学会说理地劝说别人。

二、课堂情境

诸暨历史悠久，人文荟萃，山水秀丽，生态宜居。为充分发挥诸暨的旅游优势，旅游局向社会征求建议，请你以"致旅游局局长的一封信"为题写一封建议信。今天所学的《谏逐客书》将带给我们一些思考。

三、具体任务

任务一：了解背景和作者，完成表格

劝谏背景	"郑国渠"事件后，秦宗室贵族不断挑唆秦王逐客
劝谏者	李斯，楚国人，秦国客卿，被逐之列
劝谏对象	秦王嬴政
劝谏目的	希望不要驱逐包括自己在内的客卿

背景介绍：

公元前246年，秦王政元年，韩国派水工郑国入秦，秦统一前期当时国内规模最大水利工程开始兴建。修渠对秦国的经济有利，却会耗费大量国力，韩国以此疲秦之计来保护自己的安全。韩国的企图被秦发觉，秦王想要杀掉郑国。

郑国为自己辩护说："始臣为间，然渠成亦秦之利也。臣为韩延数岁之命，而为秦建万世之功。"

秦王被其说服，允许郑国完成了修渠工程。

然而，这件事被那些因为客卿入秦而影响到自己权势的秦国宗室贵族利用，这些人挑唆秦王说客卿入秦都是别有用心，应当全都赶走。

秦王政十年（前237），秦王接受了宗室大臣的建议，下令驱逐所有客卿。李斯也在被计划要驱逐的客卿之列，于是李斯上书言事，写下了这篇《谏逐客书》，尖锐地指出了逐客之弊端。让嬴政收回"驱逐六国人才"的命令，挽救了秦国危机。随后凭借自己的三寸不烂之舌，说服嬴政抓住时机，出兵统一六国。

任务二：请用思维导图梳理文章的论述思路

谏逐客书

史证客卿之功
- 穆公　用五子　并国二十，遂霸西戎
- 孝公　用商鞅　民盛国强，诸侯亲附
- 惠王　用张仪　四面扩张，拔地散从
- 昭王　用范雎　蚕食诸侯，秦成帝业

物喻逐客之昏
- 取物原则：快意当前，适观而已
- 用人原则：非秦者去，为客者逐
- 重物轻人：此非跨海内，制诸侯之术

再论逐客之弊
- 纳客之利：明其德，能无敌
- 逐客之弊：藉寇兵，赍盗粮

总说逐客之过：求国无危，不可得也

论点鲜明
正反对比
铺陈排比

任务三：赏析劝说的艺术

1. 比较修改版和原文，两者的表达效果有何不同？

原文："臣闻吏议逐客，窃以为过矣。"

修改稿："逐客，过矣。"

分析：避开与秦王的直接冲突，为其改令留出余地——"吏议逐客"而非"君议逐客""贵族逐客"。

2. 赏析每段运用的论证方法。

分析：第一段正反对比论证。先正面举例论证，铺陈四代秦君重用客卿而富国的史实，证明客卿有功于秦。反面假设四代秦君驱逐客卿的后果，是使国无富利之实而秦无强大之名也。

第二段直击"逐客"之昏。运用举例论证，列举秦王爱外物、逐客卿的大量事实，取物标准：快意当前，适观而已矣。取人标准：非秦者去，为客者逐。重物轻人，进一步指出驱逐客卿的错误，非统一天下、制服诸侯之术。

第三段再论逐客之弊，运用比喻论证和正反对比论证，以泰山、河海两个比喻，启发秦王认识到"王者不却众庶，故能明其德"的道理，进一步表明"纳客"的重要性。今秦国"逐客资敌"是"藉寇兵而赍盗粮"，指出"逐客"造成的危害是"资敌国""业诸侯""裹足不入秦"，与"纳客之利"对比，阐明纳客与逐客的利害。

第四段总说驱逐客卿必将造成秦国危亡。总结深化，呼应前文。"物不产于秦，可宝者多"照应第二段对物的取舍标准（必秦国之所生然后可）；"士不产于秦，而愿忠者众"照应第二段对人的取舍标准（非秦者去，为客者逐）；"今逐客以资敌国，损民以益仇，内自虚而外树怨于诸侯"照应第三段逐客的危害，指出逐客必然造成秦国的危亡；"求国无危，不可得也"最后两句与开头论点"窃以为过矣"相呼应，首尾相连，前后贯通。

段落	论证方法
第一段	正反对比论证、假设论证
第二段	举例论证、比喻论证、正反对比论证
第三段	比喻论证和正反对比论证
第四段	道理论证

3.思考：李斯的上书言辞犀利精辟，请分析《谏逐客书》成功的原因。

分析：①避重就轻，缓和对立情绪。②联古论今，用事实说话。"今乃弃黔首以资敌国，却宾客以业诸侯，使天下之士退而不敢西向，裹足不入秦"，此所谓"藉寇兵而赍盗粮"者也。③以美为刺，满足秦王虚荣心。契合了秦王嬴政欲一统天下使万民来归的目标。立足点是站在秦国统一大业。④多种论证方法的融合使用。

4.思考：赏析《谏逐客书》是如何做到气势奔放、文采斐然的？

分析：善用比喻，从而增强了议论的形象性和说服力。多用铺陈、夸饰手法和排比、对偶句子以及多选用华美辞藻。

5.完成"致旅游局局长的一封信"，在班级内进行评选。

四、课堂小结

《谏逐客书》从秦王的立场出发，站在"跨海内，制诸侯"的高度看待逐客问题，采用举例、正反对比、比喻、类比等多种论证方法，历数秦国过去因任用客卿而逐渐富强的史实，抓住秦王嬴政重物轻人的行为加以驳斥，层层推进，反复阐明用客之利与逐客之弊。全文在劝谏时语气委婉、情词恳切，同时又铺张扬厉、气势雄浑，语言表达独具匠心，与内容情感相融相生，切中秦王一统天下的雄心，最终成功打动秦王。李斯提出广纳贤才的主张，阐明不分地域不分国别，以宽广的胸襟去招揽人才，才能成就帝业的道理，体现了作者顺应历史潮流的进步的政治主张和用人策略。

 附

《谏逐客书》导学案

一、知识链接，了解相关信息

1. 作者简介

李斯，字通古。秦朝时期政治家、文学家和书法家。战国末年楚国上蔡（今河南上蔡西南）人。早年为郡小吏，后从荀子学帝王之术，学成入秦。

初被吕不韦任以为郎，后劝说秦王政灭诸侯，成帝业，被任为长史。秦王采纳其计谋，遣谋士持金玉游说关东六国，离间各国君臣，又任其为客卿。秦王政十年（前237）下令驱逐六国客卿。李斯上《谏逐客书》阻止，为秦王政所采纳，不久官为廷尉。在秦王政统一六国的事业中起了较大作用。秦统一天下后，还参与制定了法律，统一车轨、文字、度量衡制度。秦代散文的代表作家，现存《谏逐客书》《泰山刻石文》《琅玡台刻石文》等，以前者最为著名。

2. 背景介绍

会韩人郑国来间秦，以作注溉渠，已而觉。秦宗室大臣皆言秦王曰："诸侯人来事秦者，大抵为其主游间于秦耳，请一切逐客。"李斯议亦在逐中。

秦王乃除逐客之令，复李斯官，卒用其计谋。官至廷尉。二十余年，竟并天下，尊主为皇帝，以斯为丞相。

——《史记·李斯列传》

3. 解题

谏：规劝君主或尊长，使其改正错误。

逐：驱逐

客：客卿，指的是那些在秦国做官的其他诸侯国的人。

书：指奏章，古代臣子向君主陈述政见、逐条分析事理的一种公文文体。

谏逐客书：就逐客一事劝谏秦王而写的奏章。

其他文体：①"章"是用来谢恩的；②"奏"是用来弹劾，即揭发别人的；③"表"是用来陈述衷情的；④"议"是用来表示不同意见的；⑤"疏"也是臣下向皇帝陈述政见或有所劝谏的文章，如汉朝贾谊的《论积贮疏》、唐朝魏徵的《谏太宗十思疏》等。当然，关于这些上书的名称和功用，随着不同的时代也有变化。

二、初读文本，梳理文章结构

梳理本文的论证思路，完成下列表格。

收信对象	
信件体裁	
写信目的	
写信背景	
作者处境	
信件主旨	
信件手法	
信件效果	

三、研读文本，掌握劝谏艺术

1. 比较修改版和原文，两者的表达效果有何不同？

原文："臣闻吏议逐客，窃以为过矣。"

修改稿："逐客，过矣。"

2. 鲁迅《汉文学史纲要》"法家大抵少文采，惟李斯奏议，尚有华辞"。赏析《谏逐客书》的劝谏艺术。

3. 思考：李斯的上书言辞犀利精辟，请分析《谏逐客书》成功的原因。

儿女情长，英雄气壮

——《与妻书》教学设计

林 佳

一、学习目标

1. 了解时代背景和作者信息，体会林觉民写信时的复杂情感和崇高思想。

2. 品味语言，理解革命先驱忍痛抛下妻子，"为天下人谋永福"的高尚情操，体会作者在生与死、爱与悲、家与国之间抉择的矛盾心理。

3. 理解革命先驱舍小家顾大家的家国情怀，激发对烈士的敬仰之情，培养青年的责任担当意识，学习书信格式。

二、课堂情境

家书是中华传统文化的重要组成部分，是家人之间传递情感、交流联结的纽带。在动荡的年代，家书更是珍贵无比。本学期，班级开展了"最动人的革命家书"评选活动，经过反复讨论，多数同学推荐《与妻书》为"最动人的革命家书"。今天就让我们一起走进文本，感受它的动人之处。

三、具体任务

任务一：知人解意，制作资料卡片

自主检索作者及作品相关信息，制作资料卡片。

任务二：以声解文，整体感知

1. 观看诵读视频，听准读音、节奏，听出情感，并思考：这是一封_____的_____书。

示例：这是一封感人至深的情书。这是一封令人悲伤的遗书。

2. 朗读第一段，说说这封家书到底是遗书还是情书？

遗书："吾今以此书与汝永别矣！"

情书："又恐汝不察吾衷，谓吾忍舍汝而死，谓吾不知汝之不欲吾死也，故遂忍悲为汝言之。"

这封信既是遗书，也被称为"20世纪最伟大的情书"，他是林觉民临死之前写给妻子的情书。

3. 找出集中体现"吾衷"的一句话。

"吾至爱汝，即此爱汝一念，使吾勇于就死地也。"

挚爱妻子就应该相守到老，为什么会想着去就死呢？

爱汝之念和就死之理矛盾吗？你能理解吗？

任务三：感受两难抉择中的情感矛盾

1. 体会"爱汝"之念，感受小我之情。

作者是怎样表达对妻子的爱意的？请同学自由朗读你认为最能表现出林觉民对妻子化骨柔情的句子，并说说理由。

文中除了反复直接表达"吾至爱汝""吾真真不能忘汝""吾诚愿与汝相守以死"之外，通过三次回忆和三个愿望来表达对妻子的爱。

三忆"汝忆否"——关于先死后死的讨论；"回忆"——回忆双栖之所；"又回忆"——回忆两次回家的情景。

三次回忆将夫妻之间的深厚感情表现得淋漓尽致，也写出了在诀别之际内心之悲与"不忍"。作者不忍先妻子而去，让她承担悲痛。

三愿：一愿九泉之下"哭相和"；二愿真有鬼；三愿心电感应有道。

这"三忆"与"三愿"饱含深情，反复诉说对妻子的眷念之深，为妻子着想无所不至，用事实说明自己绝不是一个无情的人，即"吾至爱汝"。

2. 就死之理，感悟大我之义。

（1）既然三忆三愿都饱含"吾至爱汝"的深情，那作者为何要"勇于就死"，留下弱妻稚子呢？

播放《辛亥革命》影片片段。

在被捕后，时任清廷水师提督的李准怜惜他的才华，觉得可以留下林觉民为清廷所用。时任两广总督的张鸣岐则认为这个"面貌如玉、心肠如铁、心地光明如雪，称得上奇男子"的林觉民若留给革命党人，实为后患，必杀之。年仅24岁的林觉民，1911年5月3日在广州天字码头英勇就义，临死前他面不改色，大笑道："吾今日登仙矣。"

（2）作者是如何看待"家"与"天下"之间的关系的？

当时的国内形势："遍地腥云，满街狼犬。"而作者"充爱汝之心，助天下人爱其所爱""为天下人谋永福"。

在第五段，他用了八个"死"字，列举了四种惨境。天灾、盗贼，列强瓜分、奸官污吏虐民都可以死，在今日之中国，无时无地不可以死。与其等死，毋宁起来投身革命，改变现状；与其死于天灾人祸，不如死于革命；与其与爱人离散不相见，不如死于革命。而且，"天下人之不当死而死与不愿离而离者，不可数计，钟情如我辈者，能忍之乎？"作者"不忍"只顾自己幸福，不顾国家民族的存亡安危。

3. 如何概括作者最突出的情感？

不忍。

一方面，他不忍抛下至爱，让妻子承受失去爱人的悲痛；另一方面，他不忍独善其身，眼睁睁看着天下人不当死而死，不愿离而离。在家与国，生与死，爱与悲的抉择中，林觉民最终选择的是舍小家为大家，将爱妻之情升华到对天下人的大爱。在这"不忍"中，我们读到了一位丈夫对妻子的满腔柔情，读到了革命烈士对国家人民的责任感和使命感。

正如钟叔河序叶绍袁《甲行日注》中所说：

大凡真能爱国家、爱民族，真能为国家民族做出一点牺牲，而不是专门讲大话唱高调的人，于家庭骨肉之间，亦必有真感情、真爱心，我不相信刻

薄寡恩的人，能够有民胞物与的胸怀，有对国家民族的真正责任感。

所以，我们在文中可以读到作者内心的纠结，反复申诉对妻子的爱、离去的不舍，以及"为天下谋永福"的信念。文中充满了对妻子的爱恋怀念之情、死别的悲哀和伤痛之情、对黑暗现实的愤懑之情和献身革命的豪迈之情。这篇《与妻书》不仅是与妻书，还是与己书、与天下书。

4. 你认为林觉民的死值得吗？

我们来听听他自己是怎么说的：

此举若败，死者必多，定能感动同胞。……故谓吾辈死而同胞尚不醒者，吾决不信也。嗟呼！使吾同胞一旦尽奋而起，克复神州，重兴祖国，则吾辈虽死之日，犹生之年也。宁有憾哉，宁有憾哉！

孙中山评价黄花岗起义：

是役也，碧血横飞，浩气四塞，草木为之含悲，风云因而变色……则斯役之价值，直可惊天地、泣鬼神，与武昌革命之役并寿。

这样的革命先驱还有很多：

各国变法，无不从流血而成，今中国未闻有因变法而流血者，此国之所以不昌也。有之，请自嗣同始。

——谭嗣同

我此番赴死，是为革命，死并非不足惧，亦并非不足惜，但牺牲之快、之烈，牺牲之价值，竟让我在这一刻自心底喜极而泣。

——秋瑾

在那个风云激荡的年代，"救亡图存"成了当时每一个年轻知识分子的责任，不仅是林觉民，还有同样留下绝笔给父亲，说"使同胞享幸福，奋斗而死，亦大乐也"的方声洞；还有在临行前高呼"头可断，学说不可绝！党人可杀，学理不可灭"的喻培伦。时代的车轮滚滚向前，以他们的家世背景，他们本可以做搭车的人，可他们却毅然决然用血肉之躯肩负起推动时代前进的重任。他们作为铁屋子里先醒来的人，为民族、为国家、为理想，以伟大的担当精神奋起反抗。

作为当代青年，你要对他们说什么？

任务四：拟写书信，担当使命

这封"最难忘的革命家书"，文字优美，情感纠结，妻子陈意映读后心如刀绞，几欲赴死；儿子林仲新读后奋发图强，承父伟志；千百万革命者读后前赴后继，以身报国；新时代的中学生读后长风破浪，直挂云帆……生活中有无数个"你"读过这封家书，"你"是谁？"你"最想对林觉民说什么？请用书信的形式表达"你"的内心所想，200字左右。

示例：

吾夫觉民：

见字如晤。

信已收到，读过，自是泪流。君既愿舍小家而救大家，妾自是欢喜。妾知道，国局动荡，遍地腥云，若无国之安定，何来家之安康？妾亦知，若要国之安定，定需有志之士冲锋陷阵，君既选择以国为重，妾深感荣耀。得夫如此，妻复何求？

然忆起往昔岁月种种，不胜思念，甚是感怀，由是泪流。窗外芭蕉，风过有声；园中蜡梅，暖香阵阵。可还记否？妾与君曾共同栽下几株芭蕉，几丛梅花，皆为汝生平最爱之物！

妾甚爱君，君愿赴死，妾亦愿相随。然依新尚小，妾不能弃之而去；腹中小儿，亦待妾抚育。妾定当尽己所能，将其二人拉扯成人，亦会让其继承汝之遗志，定不会负汝一番苦心。

依新已会识字，父母亦安好，望君心安。

辛亥秋日夜三鼓

意映手书

林觉民同志：

您好。

余幼时素闻君之壮举，翻阅史册，每至于此，不觉涕下。余虽未与君谋面，然心向往之。上报国家，下安黎庶，君之志也，所以抛家舍业，赴汤蹈火。君之家书今日广为传诵，我华夏三尺小童尚能吟诵数句。使君于国家危亡，民族蒙难之时，奋七尺之躯，以命补天，此诚为时人之所莫及也。公与令夫人情深意切，于贵子呵护有加，然为大家，公毅然舍小家而就革命，古之贲育亦不过如此。知其不可为而为之，成败利钝虽不能逆睹，然革命人士之鲜血铸就今日之东亚雄狮。天下若无使君，不知几人称王，几人称帝，更不知我泱泱华夏何去何从。古有孔明六出祁山，姜维九伐中原。公等之名，可与此二贤相提并论。

君举事时，我未生，至我生时，君已逝。凌云壮志，俱勒于墓碣；世雄气魄，都铭于竹帛；毕生夙愿，皆见于今朝。余虽不才，敢不以君志为己志，以君愿为己愿，以君心为己心。他日，当以公等为表率，折冲御侮，竭忠尽智，为国为民，死而后已。

呜呼哀哉，伏惟尚飨。

后生小子陈楮毫百拜叩首

癸卯年闰二月廿四日

四、课堂总结

一封与妻书，九曲回肠，无情未必真豪杰，柔情如何不丈夫。一封与妻书，儿女情长，英雄气壮。作为一个矢志救国的革命者，林觉民在对妻子倾诉至爱之情的同时，又畅叙了"为天下人谋永福"的抱负，将一己之爱扩展到对天下人的爱。情理浑然交融，铁血柔情交相辉映，时隔百年，读来亦然，令人落泪心痛。此书堪为弱者壮胆，为志士增色，为理想主义者悲歌。

 附

《与妻书》导学案

一、作者介绍

林觉民，字意洞，号抖飞，又号天外生。汉族，福建闽县人。中国民主的先驱，革命烈士。读书过目不忘，参加科举考试，无意获取功名，遂在考卷上题了"少年不望万户侯"七个大字，离开了考场。

少年之时，即接受民主革命思想，推崇自由平等学说。留学日本期间，加入中国同盟会。1911年春回国，4月24日写下绝笔《与妻书》，后与族亲林尹民、林文随黄兴、方声洞等革命党人参加广州起义，转战途中受伤力尽被俘。后从容就义，史称"黄花岗七十二烈士"之一。

面对清廷广州将军张鸣岐与水师提督李准会审，根据相关记载，林觉民"侃侃而谈，畅论世界大势""以笔立言，立尽两纸，书至激烈处，解衣磅礴，以手捶胸"。他告诉两人，"只要革除暴政，建立共和，能使国家安强，则死也瞑目"。

1911年5月3日（清宣统三年五月二日），林觉民在广州天字码头被枪杀，年仅24岁。

林觉民被捕的消息传回福州，林孝颖带着陈意映等家眷，慌忙变卖宅邸搬家。陈意映腆着大肚子，带着一家老小七口人仓皇搬到光禄坊早题巷一幢偏僻的小房子中租住。在这里，她收到了革命党人辗转送来的一个小包裹。陈意映一打开来看，正是林觉民在香港滨江楼上写下的两封遗书。她打开了写在方巾上的《与妻书》："意映卿卿如晤：吾今以此书与汝永别矣！吾作此书时，尚为世中一人；汝看此书时，吾已成为阴间一鬼……"

看到书信，陈意映立刻想到死，林觉民的父母双双跪在她面前，恳请陈意映念在家中尚有一岁幼儿，而她腹内还有一个小生命，一定要活下去。1911年5月19日，悲伤过度的陈意映早产，生下遗腹子林仲新。林家还把林觉民哥哥的一个女儿林暖苏过继给陈意映。但是，陈意映一直没有走出失去丈夫的悲伤，再加上生活变得艰难，林仲新刚刚两岁的时候，陈意映郁郁而终。

林觉民的故居，也是冰心（谢婉莹）的故居。当年林觉民被捕的消息传回福州，其养父林孝颖带着家眷，慌忙变卖宅邸搬家。他们搬到了三坊七巷南头一条叫早题巷的小巷。而买下林家老宅的谢銮恩，也是举人，他的孙女叫谢婉莹，当年11岁，一起搬了进来。她就是后来的冰心。

二、背景资料——黄花岗起义

清代末年，清政府极度腐朽反动，对帝国主义屈辱投降，连年丧权、赔

款、割地；对人民则加强剥削压迫，因而激起人民的反抗。

1905年，孙中山在日本东京组成中国同盟会，提出了"驱逐鞑虏，恢复中华，创立民国，平均地权"的十六字政治纲领。在我国南方，先后发动了十几次武装起义。

1910年11月，孙中山从美洲来到南洋，在槟榔屿（现在马来西亚西北部）召集革命党人开会，总结了过去多次起义失败的教训，决定在广州再发动一次规模更大的起义。

1911年4月23日，总指挥黄兴由香港秘密来到广州，在两广总督衙门附近设立指挥部，部署起义。但因为在关键时刻，负责运输枪械的人叛变了。革命党人只好放弃原来的十路进兵的计划，集中全力攻打总督衙门。

4月27日，黄兴率一百多人攻入总督衙门，张鸣岐（两广总督）已逃走，黄兴等人就和反扑的水师提督李准的部队激战。寡不敌众，大多数革命志士牺牲，黄兴只身脱逃。

这次起义，战斗牺牲和被捕遇害的有喻培伦、方声洞、林觉民等烈士。事后群众收得尸骸七十二具，葬在广州西北郊的黄花岗，所以后人把这次起义叫作黄花岗起义。

五个多月后，武昌（辛亥）起义爆发了。

三、文体知识

书信在中国已有悠久的历史。刘勰《文心雕龙·书记》中说："三代政暇，文翰颇疏。春秋聘繁，书介弥盛。"这就意味着早在春秋时期书信即已产生，而绵延两千多年之后，中国又形成了独特的书信文化传统。亲情、友情、爱情正是通过家书、情书等得以传递和保存。司马迁的《报任安书》、嵇康的《与山巨源绝交书》、诸葛亮的《诫子书》、曾国藩的《曾国藩家书》、林觉民的《与妻书》、鲁迅的《两地书》、沈从文的《从文家书》等，它们如今已成为一种文化经典，植入国人的情感记忆之中。

写信时要特别注意书信的格式。既然书信属于应用文，就有它惯用和固定的格式：称呼（收信人）；问候；正文；祝词；署名（写信人）及日期。

四、任务设计

任务一：整体感知

这是一封＿＿＿＿的＿＿＿书。

任务二：品味家书

庄子说："真者，精诚之至也。不精不诚，不能动人。"这篇《与妻书》是林觉民就义之前写给妻子的一封诀别书，更是一封爱情的告白书，被誉为"20世纪中国最美情书"。文中的一字一句都浸润着一位即将永别的丈夫对妻子浓得化不开的深情。满腔真情，满纸不舍，情真意切，字字泣血。请在佳句集锦本上摘录下你认为最能表现出林觉民对妻子化骨柔情的句子，并写上几句理由。

摘录：

理由：

任务三：以文致敬

生活中有无数个"你"读过这封家书，"你"是谁？"你"最想对林觉民说什么？请用书信的形式表达"你"的内心所想，200字左右。

虚构"鲁镇"中的"真实"人群调研

——《祝福》教学设计

郑 超

一、学习目标

1. 能熟练运用小说阅读的方法，读懂鲁迅所揭示的病态社会中"不幸的人"的苦痛。

2. 读懂鲁迅"揭出病苦，引起疗救者的注意"的创作用意；读懂鲁迅作为一个"呐喊者"遭到冷遇后的寂寞。

3. 思考本次"鲁镇人群调研报告"对当下社会的意义。

二、课堂情境

围绕祥林嫂死亡事件，进行鲁镇相关人群观察，并撰写调研报告。

三、具体任务

任务一：整体把握，事件还原与主角人物卡片制作（课前完成）

1. 事件还原

填写事件还原（见导学案）。

参考答案：鲁镇旧历的年底，（祝福）的前一天，一个曾在鲁四老爷家做工多年，无名无姓、人称"祥林嫂"的乞丐，在乞讨约（5）年后的那个雪夜的前夜死去，死亡时年龄（40）岁上下。（祥林嫂的做工年数，可以从工钱的角度或者我离开鲁镇的时间推测。）

2. 主角人物卡片制作

可用图示法，概括人物姓名、社会身份、人生经历、性格特征等。

示例：

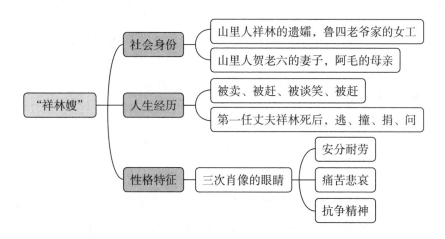

任务二：事件相关人员排查与分类

课前尝试对死亡事件相关人员进行排查与梳理（例见活动二："溯文"部分的表格）

建议：以祥林嫂为核心，梳理相关人员与其的社会关系、对其死亡的言论态度、平日对其人生有重大影响的言行态度等信息，可初步尝试分类。

课堂导入：鲁迅小说有三个出名人物：一个有姓无名；一个有名无姓；一个无名也无姓。他们分别是：孔乙己、阿Q、祥林嫂。我们知道，鲁迅先生这双拿笔的手，本是拿手术刀的，精准、狠辣地剖析中国人，正是鲁迅先生的独到技能。本课时我们聚焦的是这个无名无姓的祥林嫂的死亡案件相关人群的调研，重点是完成任务二、任务三的内容。

活动一：回放，死亡事件人群反馈片段呈现（分角色朗读文本节选部分）。

旧历年底祝福雪夜的前一天，祥林嫂死去。关于此事的原文记载如下：

我因为常见些但愿不如所料，以为未必竟如所料的事，却每每恰如所料的起来，所以很恐怕这事也一律。……他淡然地回答，仍然没有抬头向我

139

看，出去了。

梳理1：这个片段里一共有几个人对祥林嫂的死做出反馈？他们的反馈是什么？（态度，经典话语）

梳理2：这三位的身份？与祥林嫂的社会关系是什么？他们还有其他对祥林嫂人生有重大影响的言行态度吗？他们可以归为一类吗？

他们无论从社会身份还是言行态度来说，都不可归为一类。因此，可以考虑他们分属一个类别。

活动二：溯文。

梳理文本，完善表格。

"雪崩的时候，没有一片雪花是无辜的。"在那个冰冷的雪夜，祥林嫂在孤独与绝望中走向了死亡。围绕着本次死亡事件，鲁镇的众生相也于文本中一一呈现，现在，就让我们回溯文本，并利用表格对鲁镇的各色人员进行一个全面梳理（贺老六、阿毛、大伯等人，因为没有进入过鲁镇，可不在梳理范围之内）。

人员称呼	社会身份及与主角的社会关系	对主角死亡的言行态度	对主角人生有重大影响的言行态度
鲁四老爷	雇主与长工的关系	生气，死也不挑时候，是个谬种！	皱眉，"可恶，然而"；"这种人虽然似乎很可怜，但是败坏风俗的，用她帮忙还可以，祭祀的时候可用不着她沾手……否则，不干不净，祖宗是不吃的"
冲茶短工	同事关系	淡然，还不是穷死的	重复问话
"我"	同镇熟人	不安，惊惶，怕与我有关	"我说不清" "我也说不清"
四婶	雇主与长工的关系	漠然	"你放着吧，祥林嫂"
婆婆	婆媳关系	漠然	将祥林嫂卖了，到手八十千
卫老婆子	中介与劳工关系	漠然	"不嫁了她，哪有钱做聘礼"
柳妈	同事关系	漠然	"索性撞一个死，就好了"；捐门槛，当替身
鲁镇的男男女女	同镇熟人	漠然	厌弃、嘲笑

活动三：归类，事件相关人员分类。（鲁镇众生相）

四人小组合作讨论鲁镇众人的分类。

"物以类聚，人以群分"，参考鲁镇众人与祥林嫂的社会关系、对其死亡的言论态度、平日对其人生有重大影响的言行态度等信息给鲁镇人群分类，可采用思维导图或其他图解方式展示。

参考图示如下：

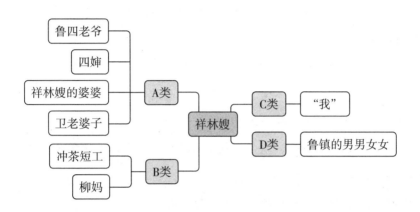

分类依据：

A类：鲁四老爷等人属于掌控者，代表着政权、族权、夫权对祥林嫂的压迫与控制。

B类：柳妈、冲茶短工是与祥林嫂同阶层者，本该与祥林嫂站在同一战线的人，因迷信神权（如柳妈），并且蒙昧、冷漠、麻木，对祥林嫂之死没有任何的触动，甚至当祥林嫂站在悬崖边上时，他们（柳妈）还曾狠狠地推了她一把。

C类：同情安慰者，善良、进步的知识分子，却只是软弱无能的好人，"我"既可以是小镇的人，也可以是小镇的外来者，本可以是这个小镇蒙昧人群的启蒙者，却无法拯救任何人，也不能自洽。

D类：鲁镇的男男女女属于鲁迅笔下的经典"看客"形象，蒙昧、冷漠、麻木。

任务三：结论与思考，鲁镇人群调研的意义所在

完成了任务一与任务二的梳理，你有怎样的结论？本次鲁镇人群调研的

意义何在？

补充资料：

1.《祝福》是小说集《彷徨》的第一篇，写于1924年。

《彷徨》是近代文学家鲁迅创作的小说集，于1926年8月由北京北新书局出版，列为作者所编的《乌合丛书》之一，后编入《鲁迅全集》。《彷徨》中共收录了《祝福》《在酒楼上》《伤逝》等11篇小说。作品表达了作者彻底的不妥协的反对封建主义的精神，是中国革命思想的镜子。作品主要包括农民和知识分子两类题材，前者以《祝福》和《示众》为代表；后者以《在酒楼上》和《孤独者》为代表。整部小说集贯穿着对生活在封建势力重压下的农民及知识分子"哀其不幸，怒其不争"的关怀。该小说集在深广的历史图景中，对人物命运的叙述渗透感情。《彷徨》是鲁迅生前唯一一部既没有题词、小引、序言、自序、前记，也没有后记、写在后面的集子，只有孤零零的11篇小说简单地编印在一起。

鲁迅：人生最苦痛的是梦醒了无路可以走。

鲁迅《南腔北调集·我怎么做起小说来》："所以我的取材，多采自病态社会的不幸的人们中，意思是在揭出病苦，引起疗救的注意。"

2. 法国古斯塔夫·勒庞《乌合之众：大众心理研究》。

群体也许永远是无意识的，但这种无意识本身，可能就是它力量强大的秘密之一。

结论与思考：以上的所有人群，构成了鲁镇，也构成了祥林嫂所处的社会环境。祥林嫂是非死不可的，同情她的人、冷酷自私的人、冷漠的人，都一样地把她推向了深渊，人世的惨事，不惨在狼吃阿毛，而惨在礼教吃了祥林嫂，惨在冷漠吞噬了祥林嫂。

鲁四老爷、"我"、柳妈等人物，甚至整个鲁镇都是虚构的，但小说所反映的社会环境、人物心理、国人本性、人群特征却是非常真实的。

四、课堂总结

虚构的祥林嫂、鲁四老爷、四婶、卫老婆子、柳妈、"我"，还有鲁镇的男男女女，却构建了一个最真实的社会样本，鲁镇是那个时代中国的缩影。

本次围绕祥林嫂之死展开的鲁镇人群调研，意义如下：其一，读懂鲁迅揭示的病态社会中的"不幸的人"的苦痛；其二，揭出病苦，引起疗救者的注意；其三，读懂鲁迅作为一个"呐喊者"的寂寞；其四，也许我们还可以思考本次人群调研对于当下的意义。同学们也可以有更多的属于自己的思考，请梳理并记录，完成你的调研报告。

 附

虚构的"真实"
——祥林嫂死亡事件鲁镇人群调研报告

任务一：整体把握，事件还原与主角人物卡片制作

1. 事件还原

鲁镇旧历的年底，（   ）的前一天，一个曾在鲁四老爷家做工（   ）年，无名无姓、人称"祥林嫂"的乞丐，在乞讨约（   ）年后的那个雪夜的前夜死去，死亡时年龄（   ）岁上下。

2. 主角人物卡片制作（可用图示法，概括人物姓名、社会身份、人生经历、性格特征等）

任务二：事件相关人员排查与分类

1. 人员排查

人员称呼	社会身份及与主角的社会关系	对主角死亡的言行态度	对主角人生有重大影响的言行态度

2. 人群分类（可采用思维导图或其他图解方式展示）

任务三：结论与思考，鲁镇人群调研的意义所在

结论：

思考：

林教头踏飞雪愤英雄苑，
小人书忆经典重温童年

——《林教头风雪山神庙》教学设计

潘增妹

一、学习目标

1. 梳理小说的思路，绘制思维导图，通过文章情节发展感受人物性格变化，体会文章构思的精妙。

2. 精读细节，探讨林冲性格的特征及其发展变化，把握人物性格的丰富及复杂性，深入理解小说主题。

3. 感受环境描写，体会自然环境"风雪"描写在渲染气氛、推动情节方面的作用。

4. 理解林冲形象的社会意义，认识封建社会被压迫者走上反抗道路的必然性，理解小说主题。

二、课堂情境

小人书一般指"连环画"，常采用简洁的文图结合的方式表现故事的精彩，它曾经是20世纪七八十年代的人们儿童时期阅读经典的美好记忆。在校园文化节之重温经典绘画活动中，校团委开展"林教头踏飞雪愤英雄苑，小人书绘精彩重温经典"主题绘画活动，要求用小人书连环画的形式展现《林

教头风雪山神庙》（节选）这一《水浒传》中的经典篇目，以简洁有趣的连环画形式展现小说情节、人物形象、艺术手法等，以此来激发同学们阅读经典的积极性。

三、具体任务

任务一：初读小说，厘清情节

连环画是我国传统的一种艺术形式，它指的是连续的图画，也就是用多幅画面叙述故事的绘画形式，如果你是这本小人书的策划者，你会为《林教头风雪山神庙》（节选）设计几幅图画？请同学们快速浏览小说，初步把握小说的情节发展，概括小说中的几个关键情节，并用简洁的文字为图画命名。（此环节重在通过确定连环画的主要构成画面，引导学生把握小说的主要情节。）

示例：

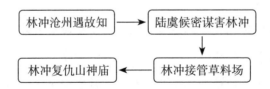

围绕林冲的遭遇，课文情节步步展开，张弛有致，一波三折，反映了林冲性格思想变化的过程。

任务二：探究细节，赏析人物

小人书是绘画艺术与文学艺术高度结合的产物，将语言艺术与视觉形象完美结合。它以连续的、环环相扣的图画形式来刻画人物形象，叙述故事情节，因为书"小"，所以构图以简洁勾勒为主。作为小人书的创作者，围绕主要人物林冲，你会选择小说中的哪些要素作为连环画的基本构图元素，请说说你的理由。（此环节重在通过确定构图要素，引导学生走进作品，把握小说的环境描写、细节描写等，从而更深入地赏析人物形象。）

示例：风雪

本文景物描写对情节展开、气氛渲染和人物性格表现都起到了非常大的作用。在景物描写上，小说紧扣题目《林教头风雪山神庙》中"风雪"二字。林冲初到草料场，就有对"风雪"的正面描写，"正是严冬天气，彤云密布，朔风渐起，却早纷纷扬扬卷下一天大雪来"，渲染了凄冷悲凉的气氛。到草料场后，是通过环境描写侧面烘托，"仰面看那草屋时，四下里崩坏了，又被朔风吹撼，摇振得动"；出门沽酒时，又见"那雪正下得紧"，沽酒返回时，"看那雪，到晚越下得紧了"，一个"紧"字，进一步突出了风大雪猛的恶劣天气。林冲在草屋内，"向了一回火，觉得身上寒冷"，在山神庙里，"先取下毡笠子，把身上雪都抖了，把上盖白布衫脱将下来，早有五分湿了"，"把被扯来盖了半截下身"。这些对"风雪"的描写，或正面描写，或侧面描写，给读者留下了深刻具体的印象。着墨虽不多，却渲染了凄凉、悲壮的氛围，推动了情节的层层发展，暗示了林冲的处境越来越危险，形势越来越严峻，逐步将小说引向高潮，也衬托了人物性格及命运。

风雪是如何推动情节发展的？

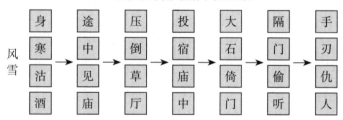

示例：尖刀与花枪

课文节选写到"解腕尖刀"的情节典型的有："林冲从李小二口里听说陆虞候要害他，大怒，离开李小二家，先去街上买了把解腕尖刀，就去街上寻找陆虞候。"复仇心切，此处寥寥数笔，表现出林冲暴躁易怒，刚烈勇猛，疾恶如仇的性格。

林冲被设计调到草料场做差之时，"林冲自来天王堂，取了包裹，带了尖刀，拿了条花枪，与差拨一同辞了管营，两个取路投草料场来"。这个尖刀，在林冲手里随时准备刺向陆虞候，在他心里，其实就是防范陆虞候，展现了他小心谨慎的一面。尖刀的功能，在小说节选的结尾处，割头、剜心等行为，我们也看到一贯隐忍的林冲终于认清了现实，以极其残忍的行为凸显

林冲"狠"的性格变化——不再忍让，不再抱有幻想，不再逆来顺受，而是奋起反抗，绝地反击。解腕尖刀和花枪是林冲不离手的两个物件，符合禁军教头的身份，更体现了他处处防身，细心、谨慎的性格特点。

示例：酒葫芦

酒对于武松来说是爆发的前奏，对林冲而言，或许是他庸常生活的表现。对于林冲来说，不管是顺境还是困顿之时，酒都是其生活不可或缺的调剂品。

到了草料场和老军交接，老军特意交代："你若买酒吃时，只出草场投东大路去，三二里便有市井。"在草料场安顿后的第一件事情——寻思"何不去沽些酒来吃？"于是用花枪挑着酒葫芦，顶着大雪，"迤逦背着北风而行"。无论是《水浒传》的文学作品还是影视作品，林冲花枪挑着酒葫芦的形象，都是一个非常具有代表性的形象，林冲挑起的酒葫芦，是他挑起世俗生活旗帜的象征，只要酒葫芦还在，生活就要安安稳稳地过下去。

林冲在小店里吃喝结束，依旧离不开酒葫芦——"就又买了一葫芦酒，包了那两块牛肉，留下碎银子，把花枪挑了酒葫芦，怀内揣了牛肉，叫声'相扰'，便出篱笆门，依旧迎着朔风回来。"林冲此时怀揣的牛肉，葫芦中的酒，是他在冰冷世界之中孤独行走仅存的温暖。

回到草料场，看到草厅已被雪压倒了。林冲只能到古庙暂宿一夜——他把被卷了，用花枪挑着酒葫芦，去古庙。虽然如此落魄，但林冲到了庙里依然不忘继续喝酒，"却把葫芦冷酒提来，慢慢地吃，就将怀中牛肉下酒"。我们看到，只要葫芦有酒，生活就还有乐趣。

只是林冲即便对生活要求已经降到最低，但是现实还是不肯放过他，陆虞候等人设计陷害点燃了草料场，林冲心中多年的怒火终于爆发——"再穿了白布衫，系了搭膊，把毡笠子带上，将葫芦里冷酒都吃尽了。被与葫芦都丢了不要，提了枪，便出庙门投东去。"被子与葫芦，是生活安定的象征，林冲将之丢弃，就是放弃对安稳的世俗生活的幻想，奋起反抗，不再隐忍求全，最后被逼上梁山。作者将林冲放置在"酒"中，完成了他完整性格的塑造。

任务三：着笔绘画，深明主旨

"小人书"或来源于成语、神话传说、文学作品，或取材于现实生活，方寸之间能容纳众多人物，连缀成独特的宏伟场景，平易简约却传神精妙，韵味深远。请同学们着笔绘画，并为你的小人书写一句推荐语。

四、课堂总结

《林教头风雪山神庙》以林冲的性格变化为线索，描写了林冲由忍辱负重、随遇而安到忍无可忍、奋起反抗的思想变化过程，反映了当时社会政治的黑暗与腐败，以致官逼民反的社会现实。小说的细节描写丰富细致，充分展现了人物的思想性格和心理活动，为事件的发生和发展做了充分的铺垫，景物描写步步渲染，有力地推动了情节的发展。

 附

《林教头风雪山神庙》导学案

一、知识链接，认识作者及作品

1. 认识作者

施耐庵，元末明初作家，字肇端，号子安，别号耐庵。原籍苏州，随父迁居兴化。自幼聪明好学，36岁中进士，不久任钱塘县尹，因替穷人辩冤纠枉遭县官的训斥，遂辞官回家。57岁，受邀参加张士诚反元起义，由于张士诚居功自傲，他愤愤离开平江，于是浪迹江湖，替人医病解难。后隐居白驹，教书，潜心研究创作，专心撰写《江湖豪客传》。书写成后，自感书名太浅露，改名为《水浒传》。晚年为了避开明朝征召，潜居淮安，染病而殁，享年75岁。

施耐庵名言："人无千日好，花无百日红。"

2. 作品简介

《水浒传》，中国四大古典名著之一，又名《水浒》《忠义水浒传》。《水浒传》是中国历史上第一部用白话文写成的以农民起义为题材的章回体长篇小说。它艺术地再现了梁山泊英雄聚众起义的故事，热情讴歌了以宋江为首的起义英雄的反抗斗争精神和优秀品质，表明造成农民起义的根本原因是"官逼民反"，体现了人民群众对历史的认识与爱憎感情，深刻地反映出

北宋末年的政治状况和社会矛盾。《水浒》故事性强，情节生动紧张，引人入胜，语言生动简练，是口语基础上加工提炼的文学语言。

3.《林教头风雪山神庙》

《林教头风雪山神庙》选自《水浒传》第九回。八十万禁军教头林冲被刺配后，几经周折，分到看守草料场的工作。

故事的起因是高俅之子高衙内欲霸占林冲之妻，设计陷害林冲，八十万禁军教头林冲被刺配，几经周折，被调配到草料场工作。又因大雪压塌其住处，无奈暂住山神庙，正巧听见陆谦等人的谈话，方才恍然大悟。恼怒中，林冲终于大爆发，提枪杀死三人，被逼上梁山。小说表现了林冲从委曲求全、安于现状一步步被逼到奋起反抗的思想变化过程。原本他有一个幸福的家庭，但遭百般陷害和破坏，导致家破人亡，最终被逼得走上梁山。表现了官府黑暗，陷害忠良的社会现实，有力突出了"官逼民反"的主题。

二、初读文本，梳理文章结构

1. 初读课文，标注自然段，划分层次，填写下列表格。

结构	分层	主要内容
序幕	1	林教头沧州遇旧知
开端	2—5	陆虞候密谋害林冲
发展	6—9	林教头接管草料场
高潮	10—12	风雪夜山神庙复仇

2. 概括《林教头风雪山神庙》每个层次的主要内容，梳理结构思路并画出思维导图。

3. 再读课文, 用横线画出令你印象深刻且重复出现的场景、语句或名字, 体会主人公的性格特点, 填写下列表格。

页码段落	语句	性格特点

4. 请结合情节变化画出林冲行动和性格的变化曲线图。

三、研读文本, 体会细节描写和环境描写的作用

1. 便去包裹里取些碎银子, 把花枪挑了酒葫芦, 将火炭盖了, 取毡笠子戴上, 拿了钥匙, 出来, 把草厅门拽上; 出到大门首, 把两扇草场门反拽上锁了; 带了钥匙, 信步投东, 雪地里踏着碎琼乱玉, 迤逦背着北风而行。那雪正下得紧。

2. 放下花枪、葫芦在雪里; 恐怕火盆内有火炭延烧起来, 搬开破壁子, 探半身入去摸时, 火盆内火种都被雪水浸灭了。林冲把手床上摸时, 只拽得一条絮被。林冲钻将出来, 见天色黑了……把被卷了, 花枪挑着酒葫芦, 依旧把门拽上, 锁了, 望那庙里来。

3. 把陆谦上身衣服扯开, 把尖刀向心窝里只一剜, 七窍迸出血来, 将

心肝提在手里……又早把头割下来，挑在枪上。回来把富安、陆谦头都割下来，把尖刀插了，将三个人头发结做一处，提入庙里来，都摆在山神面前供桌上。再穿了白布衫，系了搭膊，把毡笠子带上，将葫芦里冷酒都吃尽了，被与葫芦都丢了不要，提了枪，便出庙门投东去。

掀开"套中人"层层面纱

——《装在套子里的人》教学设计

朱飞英

一、学习目标

1. 梳理情节，分析"套子"在小说中的浅层义和深层义，绘制思维导图，把握别里科夫人物形象，体会人物命运的悲剧性。

2. 概括"套中人"的象征意义，联系生活，感受小说主旨的深刻性。

3. 分析其他文学作品里"套中人"的典型形象，对现实生活有个人的独立思考。

二、课堂导入

教科书有一幅插图，是苏联插画家库克雷尼克塞所作，绘制的人物是"套中人"别里科夫，对此插图，你有何感想？通过对同学们学案的梳理，主要有以下困惑："这个人怎么包裹得如此严实？""他为何喜欢这样的装扮？""他有尝试过卸下这些套子吗？"等，接下来通过以下三个任务的研究学习，掀开"套中人"层层面纱，寻找答案。

三、具体任务

任务一： "套中人"有什么特点？

活动一： 梳理小说情节，别里科夫处于哪些套子之中？请你制作思维导图，逐层标明。

示例：

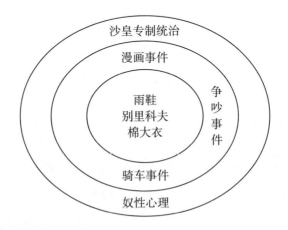

沙皇专制统治

漫画事件

雨鞋
别里科夫
棉大衣

争吵事件

骑车事件

奴性心理

活动二： 请你结合原文谈谈这几层"套子"的概括依据。

第一层"套子"：具有包裹性质的物件。

课文第一段提到了"套子"的多种表现形式，如"雨鞋""棉大衣""鹿皮套子""小刀套子""竖起的衣领""支起的车篷""他戴黑眼镜，穿羊毛衫，用棉花堵住耳朵眼"。别里科夫在日常生活中把自己和身边的物件包裹得严严实实，将其装在各式各样的"套子"里，这种被包裹的感觉，让别里科夫十分安心。

第二层"套子"：三个事件。

一是"别里科夫和瓦连卡的恋爱关系被画成漫画"。这本是一件无伤大雅的小事，但漫画事件让别里科夫难堪极了，他气得嘴唇发抖，脸色发青，对此感到不可思议，天下竟有这么歹毒的坏人。

二是"别里科夫和柯瓦连科因骑车事件争吵"。骑车事件让他脸色发白、心乱如麻，认为教师和小姐骑自行车是不成体统、大逆不道的事情，在与柯瓦连科争论中因被说了几句不客气的话而心慌意乱，欲向上级举报。

三是"别里科夫滚下楼，瓦连卡纵声大笑"。别里科夫被瓦连卡和两位女士看到了滚下了楼的情景，他宁愿摔断脖子和两条腿也不愿意成为别人取笑的对象，之后瓦连卡率真的笑声更是刺痛了他敏感的神经，他当下两眼一黑，精神上受到了强烈打击，套子里的世界在一瞬间分崩离析了。

这三件小事打击了别里科夫，就像密不透风的"囚笼"，紧紧地将其套住，使其惊恐战栗，使其得不到片刻的喘息，直至死亡。

第三层"套子"：社会环境和奴性心理。

专制迂腐的社会环境和奴性心理，社会文化的形成，除了统治者颁布的法规法条外，还离不开社会成员的内心服从和推波助澜，别里科夫只相信政府的告示和报纸上的文章，他对政府颁布的法令内容一清二楚，他经常说的一句话是"千万别闹出什么乱子"，别里科夫是沙皇专制文化的卫道士，忠实且热忱。

小结：通过对别里科夫身上"套子"的层层剖析，一个迂腐固执、胆小狭隘、孤僻脆弱的"套中人"形象跃然纸上。

任务二：别里科夫有跳出"套子"的想法吗？

通过文本细读可以发现，别里科夫不是一直被"套子"捆绑的，这尤其体现在别里科夫与瓦连卡的爱情故事里。

瓦连卡率真、热情洋溢、思想进步，别里科夫把瓦连卡的照片放在了桌上，有过与瓦连卡结婚的念头。对别里科夫而言，她是第一个待他诚恳而亲热的女人。

别里科夫想与瓦连卡结婚，这意味着他在尝试改变，尝试卸下"套子"，脱掉套子就能获得爱情和婚姻，与此同时，也意味着别里科夫要丢掉安身立命的"壳"，这个"壳"是"保守"、是"固执"、是"停滞的永恒"，更是其"赖以生存的精神食粮"。他不能理解瓦连卡骑自行车这个举动，接受不了瓦连卡率真的笑声，新事物带来的深深恐惧感迫使他重新钻回旧套子中，逃避现实，寻找温暖熟悉的心灵依托。别里科夫为了自己的套子而放弃了爱情，这看上去是荒诞的，实则是他的必然选择。契诃夫强调的

是，无论精神上的自由还是形式上的自由，都不是别人能够带来的。

小结：别里科夫的外表、生活习惯和性格与"套子"融为了一体，密不透风，他性情孤僻固执，迂腐封闭，害怕新事物，热衷于维护旧制度，是现有秩序的忠实粉丝，专制文化的卫道士。虽然他有过钻出"套子"看看新世界、呼吸新鲜空气的冲动，但仅是昙花一现，微不足道的风吹草动就能让别里科夫的世界摇摇欲坠，如遭晴天霹雳，从另一个角度而言，这也暗示着旧有制度的脆弱性，禁不起新事物的冲击。

任务三：除了别里科夫，小说里还有"套中人"吗？

结合助读资料，谈谈你的看法。

教材的选文是删改后的节选文，阅读导学案中删减的原文（部分），联系原文，还有谁也是"套中人"？

示例：

（1）全城的普通民众。选文里提到"我们"被别里科夫的唉声叹气和苍白小脸上的眼镜降伏了，整个中学乃至全城也受他辖制，民众不敢大声说话，不敢看书写字，不敢举办任何娱乐活动，一片死寂。别里科夫的去世本是一件大快人心的事，但谁也不肯露出快活的感情，可见别里科夫迂腐专制的论调已深入人心，紧紧地禁锢住民众的灵魂。

（2）瓦连卡和柯瓦连科。这对姐弟身上有着鲜活的气息，姐姐瓦连卡热情大方，开朗活泼，对生活充满热爱，弟弟柯瓦连科敢爱敢恨，真实坦诚，敢于直言对别里科夫背地进谗言的厌恶，勇于揭露别里科夫虚伪的面纱，据理力争自己的权利和自由，他们具有难得的先进思想，但纵观全文，却让我们发现，他们身上也有"套子"的影子，难以幸免。瓦连卡与弟弟关系糟糕，成天争吵不休，认为自己这个年纪不是挑挑拣拣的时候，嫁谁都可以，随波逐流。柯瓦连科并不关心姐姐的婚事，哪怕姐姐嫁一条毒蛇也由她去，他厌恶这里酸臭压抑的空气，不久之后要回到自己的田庄，捕捉虾，教小孩读书，姐弟俩的选择是一种无力改变现状、向社会低头的"逃离"。

（3）校长太太、督学太太，以及全体教员太太。这些太太们为了打发无聊时光，兴致勃勃地当起了媒人，这件愚蠢的事使这些太太们容光焕发、精神抖擞，不切实际地撮合性格迥异的瓦连卡和别里科夫。

（4）小说的叙述者布尔金。布尔金不满于别里科夫的所作所为，也清醒地认识到类似的套中人还会不断涌现，但他不愿做出反抗，不愿听兽医讲述很有教益的故事，逃避现实，麻痹自己，沉沉地睡去。

（5）兽医伊凡·伊凡内奇。兽医痛斥这种浑浑噩噩的任人侮辱的生活，难以忍受这座虚伪、愚蠢、污浊的城市，当布尔金沉睡时，他不断地翻身叹气，辗转反侧，他不知如何才能真正地改变这个糟糕的社会环境。最后难眠的他爬起来在门口抽烟，试图疏解积郁在心中的苦闷之情。

小结：当我们将视线从别里科夫身上转移到其他人物时，发现所有的人都是"套中人"，只是陷入"泥沼"的程度不同罢了，大家在恐怖压抑的氛围中痛苦挣扎而找不到真正的自由。

任务四：其他文学作品里有无这样的"套中人"形象？

"别里科夫"是一个典型的"套中人"形象，在其他文学作品中，尤其在鲁迅的作品里，这类"套中人"的形象比比皆是。

示例：

比如，《阿Q正传》中滑稽可笑的阿Q，面对他人的欺压，他善用精神胜利法忘却耻辱，自我麻醉，将自己套在亲身打造的一个处事"逻辑严密""合情合理"的壳子里，以期达到心理上的平衡。

又如，《祝福》里的祥林嫂、鲁四老爷、鲁四婶、柳妈等人被装在了封建礼教文化的套子中，祥林嫂被夫权、族权、神权等思想牢牢束缚，至死未得解脱。"我"是一个具有进步思想的知识分子，但也被装在了套子里，无力改变祥林嫂的悲剧命运。

还有《孔乙己》的主人公，他是咸亨酒店里站着喝酒而穿长衫的唯一的人，孔乙己的长衫又脏又破，似乎十多年没有补，也没有洗。最近有些网络声音认为不少大学生穿着"孔乙己的长衫"，读了一些书，居高临下，眼高手低。这种说法是对孔乙己"长衫"的误读，也是对"读书"的误解，孔乙己不是囿于"知识"这个长衫，而是被装在了"封建科举思想"这个旧思想、旧文化的套子中，满口之乎者也，清高虚荣，迂腐不堪，麻木不仁，而我们所看过的书、所学的知识、所掌握的技能，均是我们的基石，也是我们的羽翼，能让我们登高望远，振翅翱翔。

四、课堂总结

别里科夫是作者匠心打造的一个典型形象，他被套在沙皇的专制统治中助纣为虐，因循守旧，胆小怕事，迂腐不堪，小说中的其他人均是"套中人"，在不同程度上受到了套子的限制，难以躲避沙皇专制文化的侵蚀。反观鲁迅小说中孔乙己、鲁四老爷、祥林嫂等人也有着"套中人"的影子，无意识地陷在封建思想的泥沼之中。回到当下生活，在我们身边是否还存在类似的套子，我们如何挣脱，如何自安，请在课后写下你的思考。

《装在套子里的人》导学案

一、看到课文里的插图，你有何疑问？请写下你的困惑。

二、别里科夫身上的"套子"有哪些？请你阅读全文，制作思维导图，逐层标明。

注：《装在套子里的人》写于1898年，处于沙皇政府统治时期。

三、阅读删减的原文（部分），思考还有哪些人也处于"套子"之中？

（一）

他早已年过四十，她也三十多了……校长太太说出自己的想法，"我觉得她是乐意嫁给他的"。

在我们省，人们出于无聊，什么事干不出来？无聊的蠢事层出不穷！可必要的事没人愿干。不是吗，既然从没想到别里科夫会结婚，我们又为什么突然之间心血来潮张罗着这桩婚事呢？校长太太，督学太太，以及全体教员太太个个都跃跃欲试，甚至连她们的模样都变漂亮了，仿佛一下子找到了生活的目标。校长太太订了一个剧院包厢，一看——她的包厢里坐着瓦连卡，拿着一把小扇子，眉开眼笑，喜气洋洋。身旁坐着别里科夫，瘦小，伛偻着身子，倒像是让人用钳子把他从家里钳到这里来的。我在家里请朋友聚会，太太们硬是要我非把别里科夫和瓦连卡请来不可。总而言之，机器开动起来了。看来瓦连卡本人并不反对嫁人。她跟弟弟生活在一起不大愉快，大家都

知道，姐弟俩凑在一起成天吵吵闹闹，骂骂咧咧。……

（二）

在家里，即使有外人在场，他们也照吵不误。这种生活多半让她厌倦了，她一心想有个自己的窝，再说年龄不饶人哪。现在已经不是挑精拣肥的时候，嫁谁都可以，哪怕希腊语教员也凑合。这么说吧。我们这儿的大多数小姐只要能嫁出去就行，嫁谁无所谓。不管怎么说，瓦连卡开始对我们的别里科夫表露出明显的好感。

……

在恋爱问题上，特别是在婚姻问题上，劝导的作用大着哩。于是全体同事和太太们都劝别里科夫，说他应当结婚了，说他的生活中没有别的遗憾，只差结婚了。我们大家向他道喜，一本正经地重复着那些俗套的话，比如说婚姻是终身大事，等等，再说瓦连卡相貌不俗，招人喜欢，是五品文官的女儿，又有田庄，最主要的，她是头一个待他这么热情又真心实意的女人。结果说得他晕头转向，他认定自己当真该结婚了。

（三）

"我不明白，"他耸耸肩膀对我们说，"不明白你们怎么能容得下这个爱告密的家伙，这么一个卑鄙的小人。哎呀，先生们，你们怎么能在这儿生活！你们这里的空气污浊，能把人活活憋死。难道你们是教育家、为人师表吗？不，你们是一群官吏，你们这里不是科学的殿堂，而是城市警察局，有一股酸臭味，跟警察岗亭里一个样。不，诸位同事，我再跟你们待上一阵，不久就回到自己的庄园去。我宁愿在那里捉捉虾，教乌克兰的孩子读书认字。我一定要走，你们跟这个犹太就留在这里，叫他见鬼去。"

……

他甚至给别利里夫起了个绰号叫"毒蜘蛛"。自然，我们当着他的面从来不提他的姐姐要嫁给"毒蜘蛛"的事。有一天，校长太太暗示他，说如果把他的姐姐嫁给像别里科夫这样一个稳重的、受人尊敬的人，倒不失为一件美事。他皱起眉头，埋怨道："这不关我的事。她哪怕嫁一条毒蛇也由她去，我可不爱管别人的闲事。"

（四）

"问题就在这儿，"伊凡·伊凡内奇又说了一句，"我们住在空气污浊、拥挤不堪的城市里，写些没用的公文，玩'文特'牌戏——难道这不是套子吗？我们在游手好闲的懒汉、损公肥私的讼棍和愚蠢无聊的女人们中间消磨了我们的一生，说着并听着各种各样的废话——难道这不是套子吗？哦，如果您愿意的话，我现在就给您讲一个很有教益的故事。"

"不用了，该睡觉了，"布尔金说，"明天再讲吧。"

……

"看别人作假，听别人说谎，"伊凡·伊凡内奇翻了一个身说，"你若容忍得了这种虚伪行径，别人就管你叫傻瓜。你只好忍气吞声，任人侮辱，不敢公开声称你站在正直自由的人们一边，你只好说谎，赔笑，凡此种种只是为了混口饭吃，有个温暖的小窝，捞个分文不值的一官半职！不，再也不能这样生活下去了！"

"哦，您扯得太远了，伊凡·伊凡内奇，"教员说，"我们睡觉吧。"

十分钟后，布尔金已经睡着了。伊凡·伊凡内奇却还在不断地辗转反侧，唉声叹气。后来他索性爬起来，走到外面，在门口坐下，点起了烟斗。

四、请你列举其他文学作品里的"套中人"形象并分析其"套子"的内涵。

品人虫之变，溯文化之源

——《促织》《变形记》联读教学设计

柴静媛

一、学习目标

1. 研读文本，发现中西方作家在表现变形时表现手法上的差异。

2. 通过对比，分析中西方作家变形小说在主题上的差异。

3. 在比较中，探究造成中西方作家在处理变形方式和表现变形主题方面不同的原因。

二、课堂情境

蒲松龄被郭沫若盛赞"写鬼写妖高人一等，刺贪刺虐入骨三分"，他的《促织》亦是中国文学宝库中的瑰宝。卡夫卡是西方现代主义文学的先驱与大师，100年前的《变形记》被认为是现代主义文学的开端。在4月23日世界读书日，我们共同打开这两篇经典的变形小说，开展"品人虫之变，溯文化之源"读书活动。

三、具体任务

任务一：品人虫之化，析手法之别

活动一：体悟《促织》中人的"虫化"。

1.《促织》中骁勇善战的促织是由成名之子变化而来的，这一答案是在

什么时候揭晓的?

明确:在小说的最后,作者才揭晓了这一悬念。

2. 作者有意把答案藏在最后,因而我们只能隐约从"短小""轻捷"的身姿猜测出二者的关联。那在原文中,成名之子变形前后有什么不同,为何让人无法确定它的身份呢?请大家对照表格,找到其变化前后的动作、神态描写,分析其特点及目的。

明确:

	动作、神态描写	性格特点	行为目的
变形前	"窥父不在,窃发盆"	小心翼翼	满足好奇
	"儿惧,啼告母"	笨拙无措	寻求帮助
变形后	"屡撩之,虫暴怒,直奔,遂相腾击,振奋作声""临视,则虫集冠上,力叮不释"	勇猛凶悍	求胜欲强
	"每闻琴瑟之声,则应节而舞"	机警灵活	媚上逢迎

3. 通过对比,我们不难发现,此时的促织,也就是成名之子的化身,与先前的形象已经有了截然不同的性格特点和行为目的。这是为什么呢?

明确:变形后的成名之子已经不再是一个天真可爱的孩童,而是一个只为改变家庭的命运去搏击、为讨得皇帝的欢心去厮杀的"工具"。由此反映了在当时背景下,人唯有失去了人性,实现了人的"虫化",方能改变家族命运,拥有平静的生活的现实。

活动二:解读《变形记》中虫的"人化"。

1.《变形记》一开篇,格里高尔在外形上就已经完全变成了甲壳虫的模样。后文中,你能辨认出这是格里高尔吗?通过哪些描写可以看出?

明确:可以。通过神态、心理和语言描写看出。

2. 看下面一段节选,关注加点的词语,分析作用。

……他突然想起,只要有人来帮个忙,事情岂不十分简单。两个身强力壮的人就足够了——他想到他的父亲和侍女,他俩只要把胳膊伸进他隆起的脊背下面,这样把他从床上慢慢撬起来,弯下腰去把重物托住,然后他们只需小心地耐心等着,他自己会从地板上翻过身来,这时他那些细腿但愿能发挥作用。现在呢，姑且不说所有的门都锁着，难道他真的该喊人来吗？想到这里，尽管他的处境十分窘迫，他还是禁不住微微一笑。

明确：这段话中，加点的词反复强调了甲壳虫翻身的方法"十分简单"——父亲和侍女帮助即可。

3. 既然方法如此简单，格里高尔为何没有找父亲和侍女来帮忙呢？请从文中找到线索。

明确：由"姑且不说……""难道他真的该……？"这些自我质疑，到格里高尔面对如此窘迫的处境"还是禁不住微微一笑"。从心理到神情，都淋漓尽致地展现出格里高尔在忍受生理上折磨的同时，也在精神上备受折磨。虽然他的肢体变为甲壳虫，但他的内心作为人的敏感脆弱与对周遭的理解认知却丝毫未曾因此改变。

总结：如果说《促织》中的成名之子的变形体现了人的"虫化"，虫性胜于人性；那么《变形记》中的格里高尔身上的人性远胜于虫性，体现了虫的"人化"。

活动三：对比分析，梳理手法之异。

1. 二者不仅在描写手法上存在差异，在叙事方面也各有特色。请梳理二者的情节，绘制思维导图。

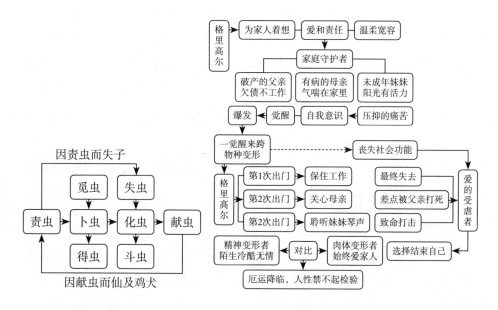

2.试分析两篇作品在叙事上的区别。

明确：

作品	叙事手法
《促织》	1.人变虫在环环相扣的情节下顺势发生，重视情节的完整性。 2.更侧重情节之间的跌宕起伏。 3.以全知视角为主，辅以有限视角写作。 4.结局以成名之子还魂，成名一家得道升官喜剧结尾……
《变形记》	1.人变虫的情节突然发生，重在呈现生活横截面。 2.更侧重事件内部（人物心理）的紧张悬疑。 3.主要以有限视角写作。 4.结局以格里高尔卑微死去的悲剧结尾……

3. 为什么存在这样的差异呢？

明确：《促织》环环相扣的情节设置、全知与有限结合的写作视角，让我们仿佛看见一只无情的命运之手笼罩在层层压迫的社会关系中，逼迫着人们唯有"虫化"才能谋求生存。而《变形记》则是利用呈现生活横截面，以主人公有限的视角进行大量语言、心理描写，将虫充分地"人化"，突出被异化了的人真实而无奈的心灵处境。

补充材料：

中国古典小说特别讲究有头有尾、一环扣一环的连锁性情节，但是到了十九世纪，欧洲和北美的小说却不再讲究情节的完整性，而是采用"生活的横断面"和"纵切面"的结构，把短篇小说这一文学艺术形式推到了一个新的历史阶段。在这种潮流的推动下，完整的外部事件被瓦解了，取而代之的是片段性的外部事变，外部事件完整链条的瓦解只是为了突出、强调内部情感世界的奇异。而这两篇文章即对此的典型例证。

——孙绍振《名作细读——微观分析个案研究》

任务二：辨变形主题之别

活动：于相似处寻主题之别。

1. 二者运用了不同手法，与作者意欲表现的主题差异有关。由于两篇文章篇幅较长，我们尝试从一组具有相似情节的片段入手，试分析两篇小说在主题上的区别。

成名夫妇与其子，格里高尔与其家人，两个家庭中作为弱势的孩子一方都陷入了困境。对此，双方的家人反应如何？让我们先来看《促织》，请大家分析成名之子因畏惧投井后，夫妻二人的反应，谈谈这样的反应说明了什么。

既得其尸于井，因而化怒为悲，抢呼欲绝。夫妻向隅，茅舍无烟，相对默然，不复聊赖。日将暮，取儿藁葬。近抚之，气息惙然。喜置榻上，半夜复苏。夫妻心稍慰，但蟋蟀笼虚，顾之则气断声吞，亦不敢复究儿。自昏达曙，目不交睫。

明确：成名夫妇得知孩子投井的第一反应是"化怒为悲，抢呼欲绝"，随即相顾无言、不复聊赖，直至埋葬之前仍"近抚之"，发现孩子仍有气息，才狂喜置之于榻上。面对儿子的死后余生，二人的悲痛、喜悦超越了对孩子误伤促织的愤怒。可见，在二人心中，亲情胜于生存。

2. 成名夫妻的反应对表现主旨有何作用？

明确：深化小说讽刺主题。正是这样善良无辜的一家人，在痛定之后望见空空如也的蟋蟀笼，心中又"不复以儿为念"。这也正是人的"虫化"的另一种形式的表现。小说通过反衬，强化对黑暗压抑的社会制度的讽刺和批判。

3. 同样是父母家人，格里高尔的家人在发现其到点还没上班的反常情况时，又是怎样的反应呢？

"格里高尔，"有人喊道，那是母亲的声音，"六点三刻了，你不是要赶火车吗？"多温柔的声音！……母亲听了他的这句话就放心下来，拖着脚步声走了。可是这段简短的对话却引起了其他家人的注意，他们没想到格里高尔还在家里，于是在一扇侧门上很快听到了父亲的敲门声，敲得很轻，但用的是拳头。"格里高尔！格里高尔！"他喊道，"你怎么啦？"过了片刻，他又压低声音催了一遍："格里高尔！格里高尔！"这时在另一扇侧门上又听到了妹妹的轻轻的抱怨声："格里高尔？你不舒服？你需要点儿什么？"

明确：母亲的"温柔"到"放心"是建立在听见他回复马上出门上班基础上的；父亲的敲门声很轻，"但用的是拳头"，他对儿子的"关心"是"喊"，是"压低声音"的催促，是一种压抑着的愤怒；妹妹关切地询问哥哥的身体，还问需要点什么，但究其根本是一种"轻轻的抱怨声"。无论是作者站在第三人称的客观描述，还是格里高尔第一人称视角的主观判断，都可以看出家人们后期"只见虫身，不见人性"的冷漠与厌弃态度，其实早已在此埋下了伏笔。

4. 这样的描写，对主题的表现有何作用？

明确：丰富小说人文主题。卡夫卡通过大量细节描写，将隐藏在日常中资本主义社会人与人之间，甚至亲生骨肉、同胞手足间赤裸裸的纯粹的剥削和利害关系彻底揭示出来，在批判社会制度使人发生异化的同时，也批判了在这样的社会背景下，家庭发生的异化使人背上双重枷锁的事实。

任务三：由手法、主题之别，辨中西方审美之异

活动一：由异思源，两篇变形小说审美之异。

1. 结合课前预习，尝试从不同的手法运用到不同的主题表达，分析两位作家在变形小说方面审美取向上的差异。

明确：《促织》运用浪漫主义笔法，给予故事大团圆结局，这反映了蒲松龄在抨击黑暗的同时，仍将对生活的美好愿望寄寓于作品中。《变形记》侧重用真实细腻的笔触，剖析人物内心世界，并以悲剧结尾，这反映了卡夫卡更倾向于冷峻客观、真实残忍的表达。

2. 你还能在中西方传统小说中，找到与之类似的作品吗？

示例：与《促织》类似的有《梁祝》《窦娥冤》《牡丹亭》等；与《变形记》类似的有《骑桶者》《城堡》《审判》等。

活动二：由篇到类，辨中西方变形小说审美之异。

你是否能从这些作品中归纳出中西方变形小说不同的审美特点？

示例1：变形小说主要反映黑暗压抑的社会现实下人的异化的批判主题，但由于中国自古就崇尚"中和""哀而不伤""物不可以终难"的美学观，面对人力无法改变的社会现实，中国文人往往会借助浪漫主义手法，让在现实中又找不到出路的好人得到好报。

示例2：西方变形小说在荒诞的框架之中展开叙事，但对客观事物往往运用细节描写尽量表现其真实性。作家通过大量心理、语言描写，力求将人物的思想感情真实细致地表现出来，让陌生感、恐惧感和孤独感充斥着作品主人公的内心世界。

四、课堂总结

两篇作品同为变形类小说，但我们从其不同的表现形式和主题不难发现，西方人以个人为本位，中国人以家族为本位；西方人以法制为本位，中国人以伦理为本位；西方人以科学为本位，中国人以想象为本位。不同的文化语境决定了中西方变形类作品不同的艺术风貌。因此，我们想要更好地读懂、读透同一类型不同背景的文章，除细读、精读文章之外，还应观照其写作背景、创作范式等文化语境等方面的内容。

五、课后作业

如果两位作家互换身份，由卡夫卡来写促织的故事，他会怎么写？请参考《变形记》里大量的内心独白、想象联想的方式，写一段成名之子的人物内心独白。

 附　　　　　　　　　　　　　　　　　　　　

《促织》《变形记》联读导学案

一、知识链接，认识作家

1. 蒲松龄生平

蒲松龄，字留仙，一字剑臣，别号柳泉居士，世称聊斋先生，自称异史氏。19岁应童子试，接连考取县、府、道三个第一，名震一时。以后屡试不第，直至71岁时才成岁贡生。1715年正月病逝，享年76岁。

蒲松龄年轻时就喜欢阅读晋人干宝的《搜神记》，书中那些神怪灵异的故事使他心往神驰，历历难忘。后来，苏东坡强人谈鬼的逸事更引起他对神仙鬼怪的兴趣。于是他深入民间，广闻博采，设法搜求奇闻逸事，最终创作出著名的文言文短篇小说集《聊斋志异》，以表达自己的愤世嫉俗之情。

2.卡夫卡生平

弗兰茨·卡夫卡，奥匈帝国著名的小说家，西方现代派文学的重要奠基人之一。主要作品有小说《审判》《城堡》《变形记》等。卡夫卡与法国作家马赛尔·普鲁斯特，爱尔兰作家詹姆斯·乔伊斯并称为西方现代主义文学的先驱和大师。

卡夫卡本职为保险业职员，生活在奥匈帝国即将崩溃的时代，又深受尼采、柏格森哲学影响，对政治事件也一直抱旁观态度，故其作品大都用变形荒诞的形象和象征直觉的手法，表现被充满敌意的社会环境包围的孤立、绝望的个人。

二、梳理文章结构，关注叙事差异

1.梳理概括《促织》《变形记》两篇小说的情节，并画出思维导图。

《促织》思维导图：

《变形记》思维导图：

2. 思考分析两篇小说在叙事方面的差异。

第三篇

选择性必修教学设计

中华大地党旗正扬，永宁江畔中流击水

——《中国人民站起来了》教学设计

许莎莎

一、学习目标

1. 绘制思维导图，梳理文章的脉络。

2. 赏读重点段落或语句，理解作品内涵，体会演讲词的针对性、逻辑性和感染力。

3. 通过对本文和拓展资料的学习，学习撰写开幕词。

二、课堂情境

2023年是"八八战略"实施的二十周年，也是台州撤地设市的三十周年。在五四青年节来临之际，校团委计划开展以"我的台州我的家，'八八战略'在身边"为主题的红五月系列活动。活动开幕式上需要一位学生代表致辞，现向全校同学征集演讲词。

三、具体任务

任务一：观看经典视频，初步了解"开幕词"

观看《中国人民站起来了》视频片段和习近平《在庆祝中国共产党成立100周年大会上的讲话》视频片段，初步了解"开幕词"，感受"开幕词"的力量。请同学们各谈感受。

任务二：读"大家"发言稿，把握结构和语言

活动一：理文脉，绘导图。

本文是毛泽东同志在中国人民政治协商会议第一届全体会议上所致的开幕词。请结合开幕词的相关知识和课文内容绘制思维导图。

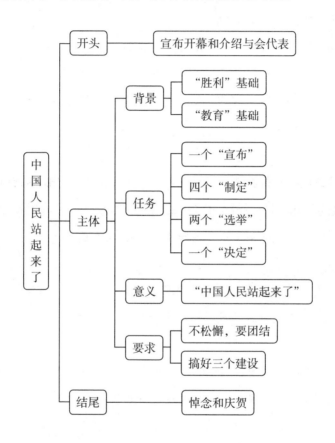

活动二：明题意，悟情感。

人教版高中历史必修教材这样写道："1949年9月21日，中国人民政治协商会议第一届全体会议在北平中南海怀仁堂隆重开幕。中国共产党、各民主党派、无党派人士、各人民团体、人民解放军、各地区、少数民族、国外华侨以及特邀代表等662人参加了会议。"

"中国人民从此站立起来了"这几个字，有哪些深刻的含义？

明确："立"字极具表现力，毛泽东同志选用了双音节词"站立"，既突出了这勇敢坚持的姿态，也兼顾了演讲情境所需要的晓畅明晰。"站立"

即站直，昂首挺立于世界之林。

"中国人民站起来了！""中国人民从此站立起来了！"成为人们表达百年来"被奴役、被压迫"的民族获得新生、当家做主人后的无比自豪、自信、自强的话语。

活动三：析语句，赏情理。

开幕词的特性：针对性、逻辑性、感染力。

《中国人民站起来了》这篇文章，既饱含深沉的情感，又表现出深刻的理性。请找出文中富有情理的典型语句，大声朗读并分析（从词语选用和句式表达的角度分析）。

示例1：

我们的国防将获得巩固，不允许任何帝国主义者再来侵略我们的国土。

"不允许"和"任何"通过坚定的语气，写出了中国人民站起来了的豪气与底气，以及捍卫国家主权和人民生命安全的坚定决心。

示例2：

和帝国主义的走狗蒋介石国民党及其帮凶们决无妥协的余地，或者是推翻这些敌人，或者是被这些敌人所屠杀和压迫，二者必居其一，其他的道路是没有的。

"决无""必"等词语语气非常肯定，不容置辩；"是……的"表示强调。这些词显示出说话者的自信和坚决，显得铿锵有力。

示例3：

在全国平定以后，他们也还会以各种方式从事破坏和捣乱，他们将每日每时企图在中国复辟。这是必然的，毫无疑义的，我们务必不要松懈自己的警惕性。

"这是必然的，毫无疑义的"是判断句，充满自信，不容置疑；"每日每时""务必"道出了对时局的高度清醒、警惕。

示例4：

那次会议的唯一收获是给了人民以深刻的教育，使人民懂得：和帝国主义的走狗蒋介石国民党及其帮凶们决无妥协的余地。

"决无"告诫人民要放弃一切幻想，抱定同敌人斗争到底的决心。

示例5：

只要我们仍然保持艰苦奋斗的作风，只要我们团结一致，只要我们坚持人民民主专政和团结国际友人，我们就能在经济战线上迅速地获得胜利。

排比句"只要……只要……只要……就……"表达了坚定的自信和革命豪情，态度强烈，气势磅礴。

总结：①文章大量使用判断句和多重定语，来表达鲜明的观点，加强坚定的语气；②运用大量表强调的词语来表现坚定的语气，如从来、必须、务必、绝不允许等；③运用条件复句、因果复句等表现鲜明的观点；④运用反复、排比等加强语势，增强感染力。

任务三：写发言稿，抒发吾辈情怀

2023年是"八八战略"实施的二十周年，也是我们台州撤地设市的三十周年。在五四青年节来临之际，台州各学校将开展以"我的台州我的家，八八战略在身边"为主题的红五月系列活动。灵石中学响应号召，也开展活动。现在活动开幕式上需要一位学生代表致辞，特向全校征集演讲词。请大家在学习课文、观看资料后进行撰写。

学生习作范例（片段综合）：

老师们，同学们：

大家上午好！在风和日丽的今天，我校以"我的台州我的家，'八八战略'在身边"为主题的红五月系列活动隆重开幕了！我作为学生代表，对本次活动的胜利召开表示热烈的祝贺！对本次活动辛苦付出的老师和同学表示衷心的感谢！（项明宇代表）

老师们，同学们，此次活动的举办，是我校庆祝"八八战略"实施二十周年、台州撤地设市三十周年的具体行动，也是为了让同学们了解台州这二三十年来艰苦奋斗的历史征程和不朽的功绩。

同学们，从我们这一辈呱呱坠地到如今，已然接近二十年！我们土生土长的"台州市"已经三十周岁了。"八八战略"的实施，让我们见证了灵石中学这所百年老校的沧桑巨变、见证了橘乡黄岩翻天覆地的变化以及新

城"椒江"的强势崛起。曾经一眼望上去全是村庄、条条泥泞之路的台州，凭借台州人民勤劳的双手、智慧的大脑，建起一座座高楼大厦、树立起台州人的"新境界"。他们的身影开始在全国各地出现，模具制造业、农业、药业等产业集群在全世界前进奔跑。正如习近平总书记所说"奋斗是青春最亮丽的底色"，是青年最有效的"磨砺"。生于斯、长于斯，台州的学生在本土努力学习，考出了台州，却大多都学成归来，建设"新台州"，为台州的"科技"创新、台州的"新农村"的建设、台州的新时代发展贡献自己的一份力量！（陈美丽代表）

二十年悄然已过，新的周期，新的使命。为此，我希望，作为青年的我们不忘初心、牢记使命，为新台州的建设添上属于我们的那一抹色彩。而眼前，对我们最重要的还是好好学习，把握当下的幸福学习生活，交上属于灵中学子的满意答卷，我相信，我们一定能行！

历史的号角将由我们吹响，时代的画卷也必将由我们绘制，坚定地扛起肩上的担子，让我们以优异的成绩庆祝"八八战略"实施二十周年、台州撤地设市的三十周年！

最后，预祝红五月系列活动圆满完成！谢谢大家！（林子怡代表）

四、课堂总结

毛泽东曾说："中国的命运一经操在人民自己的手里，中国就将如太阳升起在东方那样，以自己的辉煌的光焰普照大地……"

同学们，这个人民是你，是我，是每一个中华儿女，让我们以奋斗为青春的底色，怀揣着希望与豪情，踏上新时代的征途，让我们的城市变得更有朝气、更有底气、更有精神气！让我们的国家因为我们继续站"直"站"稳"、站更"高"！正所谓"中华大地党旗正扬，永宁江畔，你我中流击水"！

《中国人民站起来了》导学案

一、知识链接

1. 背景资料

1949年9月21日至30日，中国人民政治协商会议第一届全体会议在北京举行。中共中央主席毛泽东致开幕词，发表《中国人民站起来了》这篇著名的讲话。中国共产党及各民主党派、人民团体和无党派民主人士等单位的代表（含候补代表）共662人参加了会议。林伯渠、谭平山、董必武等分别就人民政协筹备工作、《中国人民政协组织法》《中华人民共和国中央人民政府组织法》等做了报告。

经过充分的民主讨论，代表们一致通过了《中国人民政治协商会议共同纲领》，制定了《中华人民共和国中央人民政府组织法》和《中国人民政治协商会议组织法》。同月30日，毛泽东为这次会议起草的宣言中指出："当着我们举行会议的时候，中国人民已经战胜了自己的敌人，改变了中国的面貌，建立了中华人民共和国。我们四万万六千万中国人现在是站立起来了，我们民族的前途是无限光明的。"从此，"中国人民站起来了！""中国人民从此站立起来了！"成为人们表达在历经艰难困苦以后获得新生的无比自豪、自信、自强的话语。

2. 文体知识

开幕词是在重要会议或重大活动开始时，为会议主持人或主要领导人讲话所用的文稿。

开幕词通常要阐明会议或活动的性质、宗旨、任务、要求和议程安排等，集中体现了大会或活动的指导思想，起着定调的作用，对引导会议或活动朝着既定的正确方向顺利进行、保证会议或活动的圆满成功，有着重要的意义。

开幕词通常由标题、称谓及正文三部分组成。

（1）标题通常有三种写法：一是用会议名称做标题；二是由致词人加会议（活动）全称构成标题，如《××同志在××会议上的开幕词》；三是用提示内容中心或主旨的关键字词作标题，在后面通常加上副标题。

（2）称谓一般写在标题下行顶格，称呼通常用"同志们""朋友们""各位代表"等。

（3）正文一般包括开头、主体和结尾。开头写宣布开幕之类的话。主体部分一般包括以下内容：会议的筹备和出席会议人员情况；会议召开的背景和意义；会议的性质、目的及主要任务；会议的主要议程及要求；会议的奋斗目标及深远影响；等等。但写作中一定要把握会议的性质，郑重阐述会议的特点、意义、要求和希望，对于会议本身的情况如议程等，要概括说明，点到为止；行文则要明快、流畅，评议要坚定有力，充满热情，富于鼓舞力量。最后是结尾，一般是"祝大会圆满成功"之类的表述。

3. 相关开幕词片段

习近平《在庆祝中国共产党成立100周年大会上的讲话》片段文字：

中国共产党和中国人民以英勇顽强的奋斗向世界庄严宣告，中国人民不但善于破坏一个旧世界，也善于建设一个新世界，只有社会主义才能救中国，只有社会主义才能发展中国！

中国共产党和中国人民以英勇顽强的奋斗向世界庄严宣告，改革开放是决定当代中国前途命运的关键一招，中国大踏步赶上了时代！

中国共产党始终代表最广大人民根本利益，与人民休戚与共、生死相依，没有任何自己特殊的利益，从来不代表任何利益集团、任何权势团体、任何特权阶层的利益。任何想把中国共产党同中国人民分割开来、对立起来的企图，都是绝不会得逞的！9500多万中国共产党人不答应！14亿多中国人民也不答应！

二、理文脉，绘导图

请结合开幕词的相关知识和课文内容绘制思维导图。

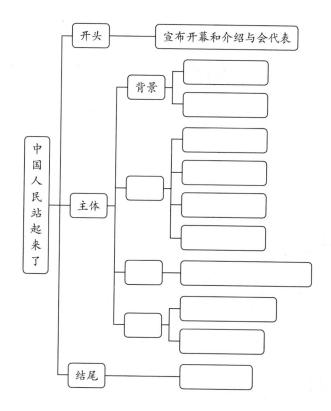

三、明题意，悟情感

"中国人民从此站立起来了"这几个字，有哪些深刻的含义？

四、析语句，赏情理

请找出文中富有情理的典型语句，大声朗读并分析（从词语选用和句式表达的角度分析）。

五、写发言稿，抒发吾辈情怀

请结合课文内容和资料，撰写一篇演讲词，注意贴合主题要求。

人性向善，生命向上

——探《大卫·科波菲尔》中米考伯夫妇的形象及意义

陈海芬

一、学习目标

1. 本专题要求学生阅读经典小说，结合课文中的具体描写，分析典型人物的性格特点和典型意义。

2. 关注小说中的心理描写，把握其在塑造人物、推动情节上的重要作用。

二、课堂导入

在《人类简史》中有这么一段描述：早在远古时期，人类分成智人和尼安德特人。智人，是人类的先祖之一，而尼安德特人，最终被灭绝。为什么呢？同样是打猎，尼安德特人会说，我们去森林打兔子，可智人却说，咱们去森林里找仙女吧。由此，智人就演化出各种行为仪式、情感、表达，这就让这个群体凝聚在一起，变得更有力量。由此可见：喜欢故事，不仅是人的天性，讲好故事更是一种力量。今天，我们就来讲讲米考伯夫妇的故事。

三、具体任务

任务一：做选择，定结局

你来讲故事，你想给米考伯一家哪一种结局。

A. 米考伯先生被释放，获得自由……最后获得一笔财富，过上幸福生活。

B. 米考伯先生被释放，获得自由……最后在穷困潦倒中悲惨地死去。

任务二：找依据，析性格

狄更斯的人道主义精神：善有善报，好命运赋予那些道德上的正面人物。米考伯夫妇在道德、性格上是正面人物还是负面人物呢，根据文本，做出分析评论。

概括（段落）	具体描写（细节）	分析性格（正面/负面人物）
外貌服饰	鸡蛋脑袋、大脸盘、三件套……	爱慕虚荣、体面自尊
话风	简而言之、跟我爸爸妈妈在一起、"有朝一日，时来运转"……	不切实际、迂腐；热心善良
面对困境态度（烟火气）	哼哼曲子、烟火气（吃吃喝喝）、理财之道……	乐天知命、盲目乐观
工作能力	跑街招揽、青年女子寄宿学舍……	工作能力低下
人际关系（人情味）	夫妻关系、主仆关系、与大卫平等情谊	真诚、善良、充满爱
……	……	……

分歧一：米考伯先生"三件套"。

依据"明明……却""虽然……但是"的句式，辩证分析人物性格。

参考课文第6段。

明确：米考伯先生明明一贫如洗、债台高筑，却要装得气派、装得文雅，装成上流贵族，可见他爱慕虚荣，爱讲排场。米考伯先生虽然家境贫困，身处底层，但仍追求体面，追求修养有名望，可见他自尊自爱。虽然追求体面和修养无可厚非，但不切实际地追求所谓的体面，仍是爱慕虚荣。

分歧二：米考伯先生的"简而言之"。

压缩语段，将下面这段话压缩成一句话（字数不超过25个字），并比较分析人物性格。

参考课文第16段。

压缩：米考伯先生说："你初来伦敦，也许会迷路。今晚我给你指条近道。"

明确：①负面：米考伯先生总喜欢用"游历""现代巴比伦""简而

言之""以便"等生僻、文绉绉的词语，可见其爱卖弄学问，装文雅，实际上说话不看对象，不切实际，显得迂腐；②正面：米考伯先生总喜欢用"也许""似乎"等带委婉商量语气的词语，特别是喜欢用"你"，处处站在对方角度考虑问题，可见其亲切语气的背后是一颗热心真诚的善良之心。

分歧三：米考伯夫妇能屈能伸。

转换视角，补写独白（联系上下文，符合情境）。参考课文第32段。

明确：当面对鞋匠上门逼债，骂其"不要脸""强盗""骗子"，米考伯先生羞愧得无地自容。他想："我实在是太没面子了，而且这鞋匠也不容易啊，上次买了鞋子，到现在还没有还债。但是，也不用发愁啊，有朝一日，时来运转。我现在就体面地出去，说不定就能招揽一笔不错的生意，这样不就可以还上了。"

明确：当财产被法院没收时，米考伯太太急得死去活来，心里想："这可怎么办呢？米考伯先生的困难走到尽头了，家里都没有什么可以用来买食物了。但是，幸好昨天刚卖了一些家具，买了牛排，晚餐有着落了。而且米考伯先生也一定会想办法的。如果真的不行，我的爸爸妈妈和我的朋友们也会来帮助我们的。"

分歧四：米考伯先生的"理财宝典"。

问题探究：财富与快乐。

参考课文第47段，1镑=20先令，1先令=12便士（6便士是英国价值最低的银币）。

问题：米考伯先生认为，收入相同的情景下，如果剩余6便士，就是快乐；若多花了12便士，就是痛苦。你认同这种理财观吗？结合下列表格，分析不同理财方式的内在本质。

明确：

财富处理方式	剩余很多	剩余6便士（米考伯）	超前消费（月光族、借债度日）	猜一猜（还有其他的吗）
本质	忧患、勤俭/守财、金钱奴隶	知足常乐、得乐且乐/缺乏忧患	追求生活/奢靡享乐，活在还债的路上	创造财富、追求快乐

任务三：探问题，定主题

梳理大卫对米考伯一家的态度，探究米考伯一家给深陷人生寒冬的大卫怎样的影响？

明确：

概括（段落）（当米考伯一家……）	大卫的态度
不怕麻烦来领我（7）装文雅（23）	全心全意道谢；表示更多敬意
米考伯先生的困难（34）	心里总压着米考伯先生的债务负担
米考伯太太对我诉说起最伤心的知心话（34）	星期六的晚上是我最高兴的时候
什么吃的都没有（40）	真心实意地要求太太收下我剩有的两三先令
米考伯太太没法分身去典当餐具（43）	每天早上主动帮忙典当
米考伯先生入狱时（45）去探监（47）	我的心也碎了；我们大哭一场
新寓所在监狱大墙外不远处（51）	跟米考伯一家患难与共，舍不得分开了
白天工作，晚上，我又回到监狱里（52）	跟米考伯先生在运动场来回走动散步，有时则跟米考伯太太玩纸牌，听她讲她爸妈的往事

问题探究：通过上述讨论，我们发现读者评价米考伯夫妇正反参半，但大卫却看到他们人性中的善良与爱，并用善意去体恤他们、帮助他们。而且作者最终给予他们美好的结局。为什么？

明确：从米考伯夫妇的角度看，虽然爱慕虚荣、不切实际、挥霍无度，但在本质上，面对困境秉持善良，充满乐观。从大卫的角度看，米考伯一家给予大卫家的温暖，家人的关爱和信任。同时，让大卫学会用善良去体恤、帮助他们，获得生命的成长。从作者创作意图上，狄更斯相信善良可以创造奇迹，善良的人可以把生活中的黑暗变成光明。当处于人生寒冬时，当面对困境时，不要让恶滋长，千万别把善良挤走，别让善良缺席，这样生命才能向上发展，世界就会变得温暖。

四、课堂总结

狄更斯曾说，善良创造奇迹，善良的人把生活中的黑暗变成阳光。同学们，在成长的路上，向善向上就是生命成长的样子。丹尼尔·平克在《全新思维》中提到，故事力是决胜未来的六大能力之一。真诚地希望同学们在人生路上都能谱写属于自己的精彩故事。

附

《大卫·科波菲尔》导学案

1. 你来讲故事，你想给米考伯一家哪一种结局。

A. 米考伯先生被释放，获得自由；_____
最后获得一笔财富，过上幸福生活。

B. 米考伯先生被释放，获得自由；_____
最后在穷困潦倒中悲惨地死去。

2. 米考伯夫妇在道德、性格上是正面人物还是负面人物？根据文本，做出分析评论。

概括（段落）	具体描写（细节）	分析性格（正面/负面人物）
外貌服饰	鸡蛋脑袋、大脸盘、三件套……	
话风	简而言之、跟我爸爸妈妈在一起、"有朝一日，时来运转"……	
面对困境态度（烟火气）	哼哼曲子、烟火气（吃吃喝喝）、理财之道……	
工作能力	跑街招揽、青年女子寄宿学舍……	
人际关系（人情味）	夫妻关系、主仆关系、与大卫平等情谊	
……		

186

3. 压缩语段，将下面这段话压缩成一句话（字数不超过20字），并比较分析人物性格。

"我的印象是，"米考伯先生说，"你在这个大都市的游历还不够广，要想穿过这座迷宫似的现代巴比伦，前往城市路，似乎还有困难——简而言之，"说到这儿，米考伯又突然露出亲密的样子，"你也许会迷路——为此，今天晚上我将乐于前来，以便让你知道一条最为便捷的路径。"

压缩：

（负面人物）米考伯先生总喜欢用的词语：＿＿＿＿＿＿＿＿＿＿＿＿＿，
可见他＿＿＿＿＿＿＿＿＿＿＿＿。

（正面人物）米考伯先生总喜欢用的词语：＿＿＿＿＿＿＿＿＿＿＿＿＿，
可见他＿＿＿＿＿＿＿＿＿＿＿＿。

4. 转换视角，补写独白。（联系上下文，符合情境）

（1）债主上门叫骂，他又伤心，又羞愧，甚至悲惨得不能自制，用一把剃刀做出抹脖子的动作来。可这过后还不到半个小时，（补写独白）就特别用心擦亮自己的皮鞋，哼着一支曲子，摆出更加高贵的架势，走出门去。

（2）她家刚被法院强制执行，没收了财产。我只见她躺在壁炉前，头发散乱，披在脸上。（补写独白）可是就在这天晚上，她一面在厨房的炉子旁炸牛排，一面告诉我她爸妈以及经常来往的朋友们的事。我从未见过她的兴致比那天晚上更好的了。

补写：

（负面人物）米考伯夫妇心里总想着＿＿＿＿＿＿＿＿＿＿＿＿＿＿，
可见他们＿＿＿＿＿＿＿＿＿＿＿＿。

（正面人物）米考伯夫妇心里总想着＿＿＿＿＿＿＿＿＿＿＿＿＿＿，
可见他们＿＿＿＿＿＿＿＿＿＿＿＿。

走进杂文经典，领略情理之美

——《记念刘和珍君》教学设计

刘荷荷

一、学习目标

1. 体会鲁迅对革命先驱斗争的至情以及对烈士牺牲的理性思考。

2. 探究文章的写作主旨：哀悼死难者，控诉反动派，唤醒麻木的民众。

3. 鉴赏鲁迅杂文生动的记叙、精辟的议论和深挚的抒情三者交融的艺术风格。

二、课堂情境

五四青年节将至，校广播站组织"缅怀革命先烈，承担新生使命"的主题活动。假如你是策划人，请完成"'新'闻大展播""'新'闻面面观""经典咏流传""'文案'我来写"的任务。

三、具体任务

任务一："新"闻大展播，呈现社会百态

当"三·一八"惨案刘和珍等数十人被杀害的"新"闻被知晓后，当时国内各方有什么不同反应？请加以梳理。

（1）刘和珍君所在学校：举行追悼会，程君深情地怀念着刘和珍。

（2）文人的论调：1926年3月18日惨案之后，1926年3月20日，林学衡在

《晨报》上发表《为青年流血问题敬告全国国民》一文，称爱国青年"激于意气，挺（铤）而走险，乃陷入奸人居间利用之觳中"。陈西滢在同年3月27日出版的《现代评论》上发表评论"三一八"惨案的《闲话》说遇害的学生"莫名其妙""没有审判力"，因而盲目地被人引入"死地"。

（3）段政府有令，说刘和珍君是"暴徒"。

（4）流言家说她是"受人利用"。

（5）无恶意的闲人将其作为"饭后的谈资"。

（6）有恶意的闲人做"流言"的种子。

（7）庸人：随着时间的流逝慢慢忘却这些事。

任务二："新"闻面面观，敬青年品文风

"一石激起千层浪。"当时的各方拥有不同的反应，请你依据文本对他们的言行进行分析评价。

分析段政府的命令、流言家的言论和有恶意闲人的流言。

师生明确：段政府和文人阴险的论调是有目的的掩人耳目。我们不认同刘和珍他们是暴徒，是受人利用，也不是基于义气和盲目的请愿。因为有鲁迅对事件客观的叙述和鲁迅对刘和珍君生平交往的了解为基础。

活动一：还原。

刘和珍君们徒手请愿反遭到杀害的过程：他们只是徒手请愿。"请愿"是人民向国家机关或官员提出意见或有所请求；采取集体行动要求政府或主管当局满足某些愿望，或改革某种政策措施。

教师范读第五节中叙写被杀害的过程，师生进行品读，讨论分析叙述的特点。

师生明确：如"从背部入"说明持枪者在刘和珍的后面射击，简直是暗杀。"斜"字表明子弹是从侧面进入的，而"穿"字则说明了持枪者带有明确的目的。子弹带有很强的穿透力，置人死地。军队能够持枪，这是中国军队对妇婴的屠戮。

"从背部入，斜穿心肺，已是致命的创伤，只是没有便死。"有人说，这是鲁迅对子弹射击位置以及伤情诊断。作为医者，不用投入更多的情感，

他只是在客观描述，但作为作家，他却对社会饱含情怀。

"欣然"前往表明抱着美好的期望，多么单纯和善良。所谓的"受人利用"就是错误的。鲁迅的叙述是冷静客观的叙述过程，主要通过动作描写，展现现场的场景。在句式上多用短句，叙述生动，句式变化，灵活自如。

小结：刘和珍君不是"暴徒"，因为他们是手无寸铁的学生，只是徒手请愿，却遭到了近距离的暗杀，突出了统治者的残暴，流言家和恶意闲人的阴险。

活动二：品"人"。

刘和珍的生平形象有力地反驳了"暴徒说""受人利用说"。

1. 师生归纳刘和珍君生平事迹。

毅然定《莽原》——追求思想进步；

坦然对偏安——性格坚毅乐观；

黯然虑母校——忧思有责任心；

欣然去请愿——行动勇敢无畏。

讨论："常常微笑着，态度很温和""始终微笑着，态度很温和""始终微笑着的和蔼的"。文章反复写她"微笑着，态度很温和"是为了说明什么？

明确：为了说明她的为人是温和而善良的，与暴徒的形象完全不符。同时，这与她遇害时，子弹"一个兵在她头部及胸部猛击两棍""从背部入，斜穿心肺""有她自己的尸骸为证"的结果构成了强烈的震撼，就如鲁迅一贯的风格，悲剧就是将美的东西毁灭给人看。刘和珍君是美的，她的毁灭就直指黑暗的社会，鲁迅深刻揭示了他对反动派的憎恶，对死难青年的深切哀悼。

"然而在这样的生活艰难中，毅然预定了《莽原》全年的就有她。""然而"表明刘和珍的与众不同，这一词当中包含着对比，物质上"生活艰难"却"毅然预定了《莽原》全年"说明她在精神上追求的执着和丰富。这样一个年仅22岁的追求进步的优秀青年却惨死在自己国人的屠刀之下。刘和珍——有人说她是"毅然、欣然追求光明和进步的幸福者。为母校、为国家前途黯然神伤的哀痛者"。刘和珍真是一个为中国而死的中国青年，她是一个有国家责任感、使命感的青年。

文章在记叙刘和珍事迹时，抓住自己与刘和珍生平典型的相识、交往片段，突出刘和珍光辉形象，再进一步叙述其遇残害毁灭的结果，形成波折、对比，发人深省。

生动叙述之后，作者发表了独到的议论。"惨象，已使我目不忍视了；流言，尤使我耳不忍闻。我还有什么话可说呢？我懂得衰亡民族之所以默无声息的缘由了。沉默呵，沉默呵！不在沉默中爆发，就在沉默中灭亡。"对比中可见沉默的后果是非常严重的，不能再一味地沉默。

小结：刘和珍的形象在以点带面片段式的故事中被建立起来，她温和善良勇敢，有责任心，追求进步，坚毅乐观。在表达方式上作者将叙述、叙述后的议论，以及当中隐含的情感巧妙地结合起来。

2. 分析无恶意的闲人和庸人的反应——"谈资"或"遗忘"。

刘和珍君牺牲了，庸人仅使"留下淡红的血色和微漠的悲哀"，很快将其忘却。无恶意的闲人将其看作"饭后的谈资"。我们如何看待这些人？

明确：不赞同，需要去唤醒和疗救。

庸人：特点容易忘却。"在这淡红的血色和微漠的悲哀中，又给人暂得偷生，维持着这似人非人的世界。"庸人也会感到悲哀，他们是社会中一批有良知的人，但他们昏沉麻木，逃避苟且而活。所以唤醒庸人对改变社会是很重要的途径。

无恶意的闲人将其作为"饭后的谈资"，把先进青年的牺牲看作谈资，他们是比较麻木的一群人。但是他们是无恶意的，可以被改变和争取。

不认同健忘的庸人和无恶意的闲人的麻木。衰亡民族衰亡的原因就是大多数人的沉默。鲁迅在《呐喊》自序中说，自己之所以弃医从文，就是要疗救麻木的国民，使其不再做"毫无意义的示众的材料和看客"。这里的写作缘由正显示了鲁迅一以贯之地对唤醒民众、疗救其灵魂的使命的自觉承担。

通过上述分析我们知道鲁迅写作的目的：悼念死难烈士，揭露反动当

局，痛斥无耻文人，批判麻木庸人，激励真的猛士和苟活者。

我们也更加感受到刘和珍君在当时的社会是先进思想的践行者和爱国知识青年。然而她的牺牲对当时很多人来讲，意义寥寥，不能唤醒他们沉睡的心灵。于是鲁迅说"忘却的救主快要降临"，"我也早觉得有写一点东西的必要了"。

任务三：经典咏流传，体会作者的情理

活动一：对于1926年刘和珍君们的牺牲，作为老师的鲁迅有什么情感？圈画饱含作者情感的句子，进行朗读，同桌之间进行交流互读评价。

小结：悼念、悲痛、崇敬、悲愤、赞扬、惋惜。

悲痛：四十多位青年的血洋溢在我的周围；

愤怒：对段政府行径和流言家的言语；

羞愧：对于自己是苟活者，自惭形秽；

崇敬：对于刘和珍君是真的猛士的赞扬；

鄙视：对于文人阴险的论调表示鄙视；

惋惜：对刘和珍君们无畏的送死，价值寥寥感到惋惜。

我也早觉得有写一点东西的必要了。

可是我实在无话可说。我只觉得我所住的并非人间。

我们还在这样的世界活着；我也早觉得有写一点东西的必要了。

惨象，已使我目不忍视了；流言，尤使我耳不忍闻。我还有什么话可说呢？我懂得衰亡民族之所以默无声息的缘由了。沉默呵，沉默呵！不在沉默中爆发，就在沉默中灭亡。

呜呼，我说不出话来……

反复诵读文本中的句子，加以认真体会。

体会作者复杂的内心世界，"想写"又"无话"看似矛盾，实则写出了鲁迅对民众健忘的无奈以及提醒，对刘和珍君的悼念和赞扬，对黑暗世界满腔的愤怒。

活动二：讨论为什么感到惋惜？

人类的血战前行的历史，正如煤的形成，当时用大量的木材，结果却只是一小块，但请愿是不在其中的，更何况是徒手。

本体：人类历史进步	喻体：煤的形成
付出巨大的代价	需要大量木材
历史前进一小步	形成一小块煤

就是说青年牺牲的价值寥寥，所以感到非常惋惜。但是刘和珍君的死还是有意义的，因为也当"浸渍了亲族，师友，爱人的心"。"苟活者在淡红的血色中，会依稀看见微茫的希望；真的猛士，将更奋然而前行。"比较软弱的苟活者依然会看见微茫的希望，真正的猛士将会更加努力前行。

小结：如何准确评估他人观点，发表自己中肯的意见。其核心就是理智战胜情感，才能发现真相真实，才能客观评价事件的是与非以及进行准确的价值判断。

情感的爆发和压制，看似矛盾的表达；刘和珍的死没价值但还是有意义，看似矛盾的态度反映出的是鲁迅先生对社会事件的理性思考和冷静应对。

任务四："文案"我来写，传承优秀革命传统（作业）

示例1：

英魂不必含冤，试听举国悲歌，荣哀奚似；祸首休要得意，且看他时算账，胜负何如？

示例2：

刘和珍君，温和微笑。

追求进步，乐观坚毅。

不畏强权，反抗落后。

推其壮志，光辉烈烈。

国之青年，明日未来。

四、课堂总结

《记念刘和珍君》是鲁迅先生的一篇思想深刻的杂文，以当时"三·一八"惨案这一重大"新"闻事件引起各方不同的反应，呈现出社会百态。鲁迅先生并对此事进行记叙分析评价。它强烈地批评了段政府的残暴和其文人论调的阴险，通过叙述刘和珍的生平片段和遇害的结果对段政府和文人进行了有力的反驳，悼念革命先驱青年，同时要去唤醒健忘的庸人和疗救无恶意的闲人，激励猛士。文章善用词语、句式，以及对比，将记叙议论抒情结合起来。将睿智理性的思辨和丰满的感情表达得鲜活生动，极具感染力。

《记念刘和珍君》导学案

一、知识链接，了解背景

1926年3月18日，北京人民为了反对帝国主义侵犯我国主权，在天安门前集会抗议，会后到执政府前请愿，段祺瑞执政府命令卫兵向请愿群众开枪，并用大刀铁棍追打砍杀，制造了骇人听闻的"三一八"惨案。刘和珍等人都是在当时遇害的。鲁迅称这一天为"民国以来最黑暗的一天"。

二、初读文本，梳理文章结构

1. 结合《记念刘和珍君》，画出作者在文章中的情感图。

2. 概括《记念刘和珍君》每段主要内容，梳理结构思路并画出思维导图。

三、研读文本，理解该篇杂文的叙议情结合

本篇作品记叙客观冷静，生动有力，有的语言议论精辟，有的语言情感充沛，直接表露出来。请结合《记念刘和珍君》中的具体文字，分别说说你的理解。

春秋笔法，史家大义

——以《屈原列传》《苏武传》为例探究史传文学的叙事艺术

张春梅

一、学习目标

1. 梳理《屈原列传》《苏武传》叙事特点，比较两者叙事艺术的异同，探究史传文学的叙事艺术。

2. 理解史家在作品中融入的史家观念和个人情志。

3. 感受屈原、苏武等人的人格魅力，探寻历史人物矢志不渝的精神源泉，涵养自我精神品质，树立家国情怀和担当意识。

二、课堂情境

今天，我们一起进入选择性必修中册第三单元的学习。本堂课将以《屈原列传》《苏武传》为例，随着文字回到历史现场，走近屈原、苏武，更要走近司马迁、班固等史家，探究研习他们在经典史传中的叙事艺术，领会其体现的历史观念、家国情怀和担当精神。

三、具体任务

任务一：探究"史述"之"常"与"变"

活动一：探究"史述"之"常"。通过完成"课前学习任务1"表格，请大家以这两篇史传为例，结合以往所学，概括史传类文学常规叙事方法。

参考示例：

	文章脉络	文章内容		次要人物
		详写	略写	
《屈原列传》	任—疏—绌—放—迁—沉	创作《离骚》原因、秦楚交战与外交、自沉	屈原才能介绍、上官大夫进谗	怀王、顷襄王、令尹子兰、上官大夫、靳尚、郑袖、张仪
《苏武传》	出使—被扣—卫律劝降—窖幽—流放—李陵劝降—归汉	卫律劝降、李陵劝降	出使、被扣、窖幽、流放、归汉	张胜、卫律、李陵

活动小结：史传类文学常规叙事方法——

1.按时间顺序展开叙述。

2.以人物为中心组织叙述。

3.合理剪裁，选取典型事件。

4.对比衬托主要人物形象。

除去以上常规的叙事艺术，在《屈原列传》《苏武传》中，我们不难发现另一种叙事特点——都体现着作者的情感态度倾向，而其具体表现方式又有不同：《屈原列传》的情感态度表现更加直接、明显，而《苏武传》则显得隐晦。我们分别来予以探究。

活动二：探究"史述"之"变"。鉴赏《屈原列传》述评结合的叙述特点。

《史记》开创以记人为中心的纪传体例，其中的优秀传记很多，《屈原列传》是其中较为独特的一篇，与其他许多一般传记的客观实录、隐藏观点不同，本篇更像一篇怀人的散文，文章在叙事中融入大段的议论，述评结合，结合下面的表格，请大家找到此特点在文中的体现以及作者的情感。

	方式	段落	例句	情感
述评结合	夹叙夹评	第3段	"故忧愁幽思而作《离骚》""屈平正道直行""推此志也，虽与日月争光可也"	认同同情赞美
		第8段	"怀王以不知忠臣之分""此不知人祸也"	批判讽刺
	寓评于叙	第10、11段	"众人皆醉而我独醒，是以见放""又安能以皓皓之白，而蒙世之温蠖乎？"	悲悯哀叹
	篇末总评	第12段	"悲其志""未尝不垂涕"	仰慕赞颂

请同学们谈谈对此篇这种评叙结合方式的感受。

活动小结：我们从这些情不能自已的大量评论中感受到的是作者情感的强烈抒发，对屈原不公正遭际的深深同情，对其才华、志节的高度赞美，对其文学贡献的深深赞誉，这是那些隐藏作者情感的纯叙事传记所不能表达的情感深度。恰是这样的鲜明的情感倾向和强烈的抒情性，使得《史记》不是一般的史书，更是文学经典，这也是鲁迅赞其"史家之绝唱，无韵之《离骚》"的一个理由。

活动三：探究"史述"之"变"。鉴赏《苏武传》"于序事中寓论断"的叙述特点。

明清之际杰出的学者顾炎武在《日知录》中指出："古人作史，有不待论断而于序事之中即见其指者，惟太史公能之。《平准书》末载卜式语，《王剪传》末载客语，《荆轲传》末载鲁句践语，《晁错传》末载邓公与景帝语，《武安侯田蚡传》末载武帝语，皆史家于序事中寓论断法也。后人知此法者鲜矣，惟班孟坚间一有之。"而《苏武传》恰是此"一"的典型体现。

通过《屈原列传》《苏武传》的对比我们发现，班固在"述史"的过程中，虽然没有直接介入评论，但是也蕴含着很明显的情感倾向，作者运用了怎样的叙述技巧呢？请在文中寻找，并合作探究交流。

卫律劝降：请大家分角色扮演卫律和苏武的角色，演绎二者的对话，揣摩其语言背后的人物形象塑造和作者的情感倾向。

	方式	语言、行为	形象	情感
卫律	威逼	"副有罪，当相坐"举剑拟之	跋扈、骄纵	嘲讽 不齿 奚落
	利诱	"马畜弥山，富贵如此！"	骄奢无耻	
	正反劝说	"后虽欲复见我，尚可得乎？"	反复无常 小人嘴脸	
苏武		不动，不应，"何以汝为见？"	不怕死 不爱利 大义凛然 有理有节	敬佩 盛赞

李陵劝降：请对比关注李陵的语言，分析李陵对苏武劝说方式的不同，体会李陵言行背后的心理世界及作者对其的情感倾向。

劝之初：①"陵降，不敢求武"——惭愧；②"单于使陵至海上""因谓武曰：'单于闻陵与子卿素厚，故使陵来说足下'"——突出无可奈何。

劝之法：以友情相动—以现实相警—以家事相激—以自身相比—以主之过相劝。

劝之终："嗟乎，义士！陵与卫律之罪上通于天！"泣下沾襟。

首先，叙述中凸显了李陵和卫律二者形象的不同。与卫律卖国求荣、扬扬得意、阴险狡诈的嘴脸不同，作者在叙述中先让李陵的情感得以宣泄，委屈得以申诉，也展现了他不得已投降的矛盾和痛苦。李陵当年率五千之卒孤军深入，歼敌过万，因无救援，最后力竭被俘，投降情非得已；投降之后，也并未给匈奴真心出力，始终对故国心怀眷恋；只是后来因武帝误听传言，杀其全家，这才断了李陵的归汉之路。从李陵的话语中，我们能体会其内心的酸涩、忧愤，他对汉虽有不满和怨艾，却也感到惭愧。作者对他寄予同情，并未把他作为十恶不赦的叛臣，通过苏武对他与对卫律的态度的不同，我们也能看到此点。这是作者"于序事中寓论断"之一例。

我们能感受到这种传承，就如同"《左传》—《史记》—《汉书》—后代史学著作"的叙事艺术影响传承一样，思想和文化也是在一代代的质疑与

认同中传承迭进。尽管如此，作者对李陵和苏武的情感还是不一样的，尝试从文字中感受，比如，面对同样法令无常寡恩义的君主，李陵和苏武的态度是不同的——

信义安所见乎？

人生如朝露，何久自苦如此？

且陛下春秋高，法令亡常，大臣亡罪夷灭者数十家，安危不可知。子卿尚复谁为乎？

——班固《苏武传》

闻子之归，赐不过二百万，位不过典属国，无尺土之封，加子之勤。而妨功害能之臣，尽为万户侯；亲戚贪佞之类，悉为廊庙宰。

——李陵《答苏武书》

"今足下还归，扬名于匈奴，功显于汉室……何以过子卿"——私情和个人利益。（个人立场）

"武父子亡功德，皆为陛下所成就，位列将，爵通侯，兄弟亲近，常愿肝脑涂地。今得杀身自效，虽蒙斧钺汤镬，诚甘乐之。臣事君，犹子事父也，子为父死，亡所恨，愿勿复再言"——坚守道义、恪守伦理、杀身成仁。（国家立场）

面对和李陵相似境遇，苏武决然做出了和他不同的选择，最终使李陵泣下沾襟，可以说在这场较量中，李陵被苏武感召而动容，"罪通于天"的感叹证明了他对苏武价值的认同，以及对自己选择的否定。可以说，在这样的对比衬托中，苏武的形象再次得以确认，这也是作者在叙事中所体现的论断，即对苏武是赞美、敬佩，对李陵虽有同情但并不认同。

小结：那么，作者又为什么会在作品中寄寓有这样的褒贬呢？又是以什么为标准做出这样的价值评判呢？让我们来进行第二个研习任务——探究"史家"之"情"与"志"。

任务二：探究"史家"之"情"与"志"

活动一：结合"课前学习任务2"表格，思考司马迁、班固等人为何在"述史"寓含如此褒贬？

人物	主要生平	时代背景	君王品行	精神品质	著作
屈原	信而见疑 殉国自沉	世乱主昏	昏聩无能 不辨忠奸	存君兴国 高洁忠贞	《离骚》等
司马迁	直而受刑 著史明志	强国历主	好大喜功 刚愎自用	秉公直言 忠于职守	《史记》
苏武	为国出使 被放北海	强国历主	好大喜功 刚愎自用	大义凛然 忠贞不屈	诗《留别妻》
贾谊	才华盖世 抑郁而终	汉初未兴	骄奢淫逸 宠幸佞臣	忧国忧民	《鵩鸟赋》 《过秦论》等
共同点	正直、忠贞、爱国、有忧患意识、有担当情怀、均不被重用、遭遇坎坷				

四人虽身处不同时代，但他们的仕途经历都坎坷波折，不受君王赏识而怀才不遇，但他们从未因肉体困于逆境而颓唐，反而加重了他们对国家兴亡的忧患意识，无论是以身殉道、苦苦坚守还是直言劝谏，都体现了身为士大夫所承担的"以天下为己任"的历史使命感和社会责任感。

寓含褒贬：那么他们的命运与笔下传主或相关人物有着怎样的关联？请结合教师推荐阅读，举例说明。

示例：司马迁与屈原有相似的身世——一样的怀才，正直，忠君爱国，有志向；一样被疏，面临生死抉择。唯一不同的是屈原是以死明"志"，司马迁是以生践"志"。他们也都借自己的作品来向世人证明自己的心迹。屈原著《离骚》，司马迁著《史记》，而且司马迁就是在受到无数前人的感召才做出如此的选择——"古者富贵而名摩灭，不可胜记，唯倜傥非常之人称焉……仲尼厄而作《春秋》；屈原放逐，乃赋《离骚》；左丘失明，厥有《国语》；孙子膑脚，《兵法》修列……人皆意有所郁结，不得通其道，故述往事、思来者。……终不可用，退而论书策，以舒其愤，思垂空文以自见。"

史家笔下人物的身世与遭遇往往引起了作者思想、感情上的共鸣，借议

论或者在叙事中寄褒贬的手法直接或间接述说自己的心态，既是对传主的叹惋，也是对自己的慨叹。

活动二：溯本求源推底色——请仔细阅读两篇传记和几位作者的其他作品，试寻找文中能够体现人物共同思想、价值观形成根源的句子。

夫天者，人之始也；父母者，人之本也。

——《屈原列传》

今得杀身自效，虽蒙斧钺汤镬，诚甘乐之。臣事君，犹子事父也，子为父死，亡所恨，愿无复再言！

——《苏武传》

孔子称："志士仁人，有杀身以成仁，无求生以害仁。"
"使于四方，不辱君命"，苏武有之矣。

——《苏武传》

虽不能至，然心乡往之。余读孔氏书，想见其为人。
余祗回留之不能去云。
中国言《六艺》者折中于夫子，可谓至圣矣！

——《孔子世家》

太史公曰："先人有言：'自周公卒五百岁而有孔子。孔子卒后至于今五百岁，有能绍明世、正《易传》，继《春秋》、本《诗》《书》《礼》《乐》之际？'"意在斯乎！意在斯乎！小子何敢让焉！

——《太史公自序》

一夫作难而七庙隳，身死人手，为天下笑者，何也？仁义不施而攻守之势异也。

——《过秦论》

> 纷吾既有此内美兮，又重之以修能。
>
> 乘骐骥以驰骋兮，来吾道夫先路。
>
> 长太息以掩泣兮，哀民生之多艰。
>
> ——《离骚》

我们发现这些作品中所渗透的儒家思想——孝悌、仁爱、礼义、重义轻利、舍生取义。

小结：我们发现，这些古代士大夫文人，都深受儒家思想的影响，在儒家思想的熏陶浸染下，忠君爱国、坚贞不渝、忧国忧民、舍生取义等价值成了他们生命的底色和终生的坚守。在这样的精神底色下，他们才会在逆境中艰苦卓绝，在生死考验面前灭私欲存大义，浩气凛然。而这些伟大的精神品质也正是我们中华传统思想中最为可贵的一部分，时代在变，人事在变，而基本道德善恶标准永远不变，这是我们中华民族代代相传的民族基因，这是我们学习传统经典的意义和价值。

四、课堂总结

史述的常与变		史家的情与志
史传类文学 常规叙事方法	史传类文学 发展叙事方法	儒家底色
顺叙为主 人物中心 精当剪裁 对比衬托	述评结合 述中寓论	忠君爱国、坚贞不渝、 忧国忧民、舍生取义

作业：运用这节课学习的叙事方法，选择一位你喜欢的历史人物，为他写一篇人物小传。

《屈原列传》《苏武传》导学案

1. 阅读《屈原列传》《苏武传》，梳理文章主要内容，完成下面表格。

	文章脉络	文章内容		次要人物
		详写	略写	
《屈原列传》				
《苏武传》				

2. 拓展阅读《史记·屈原贾生列传》《吊屈原赋》《报任安书》《太史公自序》《答苏武书》节选，梳理屈原、贾谊、苏武、司马迁的生平经历，探究其共同点。

人物	主要生平	时代背景	君王品行	精神品质	著作
屈原					
司马迁					
苏武					
贾谊					
共同点					

3. 推荐的学习资源。

《史记·屈原贾生列传》　　作者：司马迁

《吊屈原赋》　　　　　　　作者：贾谊

《报任安书》　　　　　　　作者：司马迁

《太史公自序》　　　　　　作者：司马迁

《答苏武书》　　　　　　　作者：李陵

电视纪录片《楚国八百年》第7、8集。

深耕史笔之变，明悟史家之心

——《五代史伶官传序》教学设计

李 戈

一、学习目标

1. 寻找《五代史伶官传序》与过往同类型作品在选材、行文等方面的不同，感受他在文学和史学上的创新意图。

2. 探究欧阳修《新五代史》与"诗文革新运动"和儒学复兴的深层联系。

二、课堂情境

众所周知，《史记》在叙事体例和叙事手法等诸多方面进行了"革命性"的创新。几百年后，欧阳修将自己私人编修的记述五代时期的史书命名为《五代史记》，其追慕先贤、蓄意求变之心可见一斑。现在，××校语文组微信公众号计划推出"语文书中的史学名著"系列专题文章，拟根据《伶官传序》，对照相关史料，完成"《新五代史》的变与不变"专评。

三、具体任务

任务一：溯文梳理

教材"学习提示"部分指出，《五代史伶官传序》这篇史论是对后唐灭亡的历史教训进行总结。

活动一：制表识论。

请大家利用表格对本文的"论"先进行一个梳理。

论点	盛衰之理；岂非人事
论据	庄宗得失天下
结论	忧劳可以兴国，逸豫可以亡身
推论	祸患常积于忽微，智勇多困于所溺
论证	正反对比

活动二：绘图明思。

依据上述表格，为全文画出思维导图。

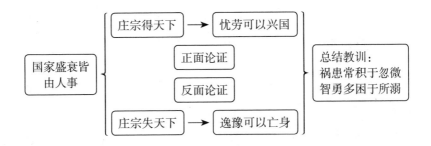

任务二：选材寻异

活动一：联读寻疑。

联读导学案《旧五代史·庄宗本纪》中李存勖继位的相关文字，再对照联想我们学过的史传和政论作品，你觉得《伶官传序》在选材上有什么明显不同吗？

提示："世言"二字点明了所用史料是一则传说。

活动二：细读析变。

我们评价一部史学作品，首先看重的是史料的真实性。而《伶官传序》却将传说写入史传正文。为何作者要在史书中引述这样一个不一定完全可靠的传闻故事呢？

提示：

首先，"世言"一词表明"三矢遗愿"这个故事在当时已经流传甚广。欧阳修难以割舍，于是借鉴司马迁写"赵氏孤儿"等内容时"有闻必录"的前例，同时，把这则传闻写入相对比较随意自然的序文中，恰到好处地处理好了正史与传闻间的取舍关系。

其次，李存勖最终因为伶官谋反而死是历史事实，这种死法对于君王而言是一种比较窝囊的死法。而传闻故事生动形象地刻画出了他前期励精图治的英雄形象，与结局可以形成更加强烈的对比反差效果，也为篇末针对性的议论奠定了坚实的基础。

所以，欧阳修在选材上的这种近似小说化和传奇化的处理较薛居正主编的官修版《五代史》更为史学界所推崇。例如，清代王鸣盛《十七史商榷》："僭伪诸国，皆欧详薛略，盖薛据实录，实录所无，不复搜求增补，欧则旁采小说以益之。"

活动三：深读求精。

"三矢遗愿"这个故事的原始版本为北宋初年王禹偁《五代史阙文》里的材料。与原版记录相比，你能看出《伶官传序》的转述发生了怎样的变化吗？

提示：

王禹偁《五代史阙文》中的原版记录有168个字，欧阳修叙述同样的内容时用了153个字。但是这样的裁剪"简而不约"。

首先，他将纷繁芜杂的历史事实，用简洁自然的文笔进行梳理，寥寥几笔就清晰地勾勒出李克用遗嘱中三桩誓愿背后牵连关涉的几次重大复杂的历史事件。所以宋代林之奇在《拙斋文集》中赞叹："李克用临终以三矢授庄宗，才数语尔，包尽多少事。如此等叙事，东坡以下未必能之。"

其次，他将原本冷冰冰的史事叙述转为形象化的细节刻画。李克用遗嘱中的"尔其无忘乃父之志"一句凸显了他临终时的遗憾和渴望，增强了文章的感染力。故而吴楚材在《古文观止》中称赞这一笔法为"感慨淋漓，直可与史迁相为颉颃"。

任务三：论赞觅异

活动一：联读寻疑。

联读《旧五代史·庄宗本纪》结尾，再对照联想我们学过的史传和政论

作品，你觉得《伶官传序》在论赞的叙写上有什么明显不同吗？

提示：史书通常的感慨议论部分是在传文的末尾，为叙事完整后水到渠成的议论升华，如《史记·项羽本纪》的论赞就在结尾。而本篇的以"呜呼"发论，位置为全文的篇首。这是史书中比较罕见的写法。然而这种写法是欧阳修在《新五代史》中极为常用的笔法。

活动二：细读析变。

对于这种写法，前人的态度褒贬不一，如以王安石为代表的一些人对这种写法的厌弃。甚至还有人直斥《新五代史》为"呜呼传"。你怎么看待这种在史书中比较罕见的写法？

补充资料：

《东皋杂志》的作者说："神宗问荆公（注：王安石）：'曾看《五代史》否？'公对曰：'臣不曾仔细看，但见每篇首必曰'呜呼'，则事事皆可叹也。'"

提示：

五代十国的乱象让宋代的士大夫们无比地不满和愤慨。与五代大多数君主的昏庸荒淫而导致失国相比，李存勖由励精图治转为荒淫腐化的悲剧感更为强烈，也更值得后世君王思考和鉴戒。所以，与司马迁相似，欧阳修在本该客观冷静的史笔叙述中流露出了比较明显的感情倾向。

同时，史书的一个极为重要的政治功能就是借古鉴今。欧阳修修史正值宋仁宗统治时期，社会相对稳定。但烈火烹油之下，统治危机已悄然浮现。这与《伶官传序》中提到的"祸患常积于忽微"非常相似。因而欧阳修产生了强烈的以天下为己任的责任感。他在《本论》中痛斥"一切苟且，不异五代之时，此其可叹也"的时局，更希望当时的北宋统治者能够居安思危，戒除"逸豫"，避免陷入如伶人般的"所溺"。因而，他通过对五代政治与历史人物的记述、描写和批判，深切表现了他对北宋王朝的忧虑和对当时弊政和当权派的不满。《伶官传序》以"呜呼"开头，并非像王安石等人认为的无病呻吟，既是对五代十国乱世的哀叹，更是对宋朝社会的现实而发的无穷感慨。

除了对北宋政局，欧阳修的这声"呜呼"，还针对了传统史家将王朝兴衰与天命结合的认知。薛居正在《旧五代史·庄宗本纪》结尾的评论中用"虽少康之嗣夏配天，光武之膺图受命，亦无以加也"这样的语句表达了对李存勖成就功业超自然的评价。在传统观念中，"王权"往往与"天命"相联系。如人教版高中语文必修下册教材中的《谏逐客书》中就有这样一句话，即"是以地无四方，民无异国，四时充美，鬼神降福，此五帝三王之所以无敌也"。而欧阳修《伶官传序》开篇这句"呜呼！盛衰之理，虽曰天命，岂非人事哉！"则表明了他在社会治乱兴衰上有推崇人事淡化天命的思想倾向。他明确指出"忧劳可以兴国，逸豫可以亡身"。这其实也意味着儒家思想的复兴，与欧阳修提倡的"诗文革新运动"是彼此呼应的。

活动三：深读求精。

如果把开篇的"呜呼"去掉，将"盛衰之理"三句压缩成"治乱兴衰皆由人事"一句，与原文相比有何差异？

提示：

原文这两处运用了感叹句和反问句式，较一般的肯定陈述显得更有气势和力度。且分句较短，使得节奏更有起伏。这样的句法表达在结尾处也有类似的使用。如结尾的"岂独伶人也哉"，既是感叹句又是反问句，让读者产生更多的联想：李存勖的覆灭是因为他过于宠信伶人，那么其他君王的败亡又是因为什么呢？女色？外戚？……这样的结句方式既含蓄又有很强的概括力，更容易发挥史传作品的教育借鉴意义。相较薛居正主编的官修版《旧五代史》"静而思之，足以为万代之炯诫也"这样空泛的感慨，欧阳修在行文上的这种处理更为具体、深刻，也更为史学界所推崇。

任务四：汇编结论，完成专评

请将上述任务研讨的结论汇编成文并结册。

四、课堂总结

这节课我们通过对《伶官传序》的精准搜索，找到了以其为代表的《新五代史》对过往史学传统的继承和创新之处。其在叙述行文上的"通古今之变"，在主题思想上的"究天人之际"，使之必然在中国史学史和文学史上"成一家之言"。

 附

《五代史伶官传序》导学案

一、知识链接，了解相关人物

1. 欧阳修生平

欧阳修，字永叔，号醉翁，晚号六一居士。北宋政治家、文学家、史学家。在文学方面，欧阳修领导了北宋诗文革新运动，提倡复兴古文，奠定了平易流畅的宋文基调，开创了一代文风，得以名列"唐宋八大家"之一，并与韩愈、柳宗元、苏轼有"千古文章四大家"之称。在史学方面，曾主修《新唐书》，并独撰《新五代史》。今有诗词文集《欧阳文忠公集》传世。

2.《新五代史》

《新五代史》是欧阳修撰纪传体史书，属"二十四史"之一。原名《五代史记》，后世为区别于薛居正等官修的五代史，称为《新五代史》。《新五代史》增加了《旧五代史》所未能见到的史料，如《五代会要》《五代史补》等，因此内容更加翔实。《新五代史》文采引人入胜，在中国史学史尤其是唐宋以后史学史上有着重要的地位。

二、初读文本，梳理文章结构

1.教材"学习提示"部分指出，《伶官传序》这篇史论是对后唐灭亡的历史教训进行总结。请大家利用表格对本文的"论"进行一个梳理。

论点	
论据	
结论	
推论	
论证	

2. 概括《伶官传序》每段主要内容，梳理结构思路并画出思维导图。

三、联读文本，理解文本之"变"

1.《旧五代史·后唐庄宗纪一》

武皇起义云中，部下皆北边劲兵，及破贼迎銮，功居第一。由是稍优宠士伍，因多不法，或陵侮官吏，豪夺士民，白昼剽攘，酒博喧竞。武皇缓于禁制，惟帝不平之，因从容启于武皇，武皇依违之。及安塞不利之后，时事多难，梁将氏叔琮、康怀英频犯郊圻，土疆日蹙，城门之外，鞠为战场，武皇忧形于色。帝因启曰："夫盛衰有常理，祸福系神道。家世三代，尽忠王室，势穷力屈，无所愧心。物不极则不反，恶不极则不亡。今硃氏攻逼乘舆，窥伺神器，陷害良善，诬诳神祇。以臣观之，殆其极矣。大人当遵养时晦，以待其衰，何事轻为沮丧！"太祖释然，因奉觞作乐而罢。

及沧州刘守文为梁朝所攻，其父仁恭遣使乞师，武皇恨其翻覆，不时许之。帝白曰："此吾复振之道也，不得以嫌怨介怀。且九分天下，硃氏今有六七，赵、魏、中山在他彀下，贼所惮者，惟我与仁恭尔；我之兴衰，系此一举，不可失也。"太祖乃征兵于燕，攻取潞州，既而丁会果以城来降。

天祐五年春正月，武皇疾笃，召监军张承业、大将吴珙谓曰："吾常爱此子志气远大，可付后事，惟卿等所教。"及武皇厌代，帝乃嗣王位于晋阳，时年二十有四。

2. 王禹偁《五代史阙文》

世传武皇临薨，以三矢付庄宗曰："一矢讨刘仁恭，汝不先下幽州，河南未可图也。一矢击契丹，且曰阿保机与我把臂而盟，结为兄弟，誓复唐家社稷，今背约附贼，汝必伐之。一矢灭朱温。汝能成吾志，死无恨矣。"庄宗藏三矢于武皇庙庭，及讨刘仁恭，命幕吏以少牢告庙，请一矢，盛以锦囊，使亲将负之，以为前驱。凯还之日，随俘馘纳矢于太庙。伐契丹，灭朱氏，亦如之。

3.《旧五代史·庄宗纪八》

史臣曰：庄宗以雄图而起河、汾，以力战而平汴、洛，家仇既雪，国祚中兴，虽少康之嗣夏配天，光武之膺图受命，亦无以加也。然得之孔劳，失之何速？岂不以骄于骤胜，逸于居安，忘栉沐之艰难，徇色禽之荒乐。外则伶人乱政，内则牝鸡司晨。靳吝货财，激六师之愤怒；征搜舆赋，竭万姓之脂膏。大臣无罪以获诛，众口吞声而避祸。夫有一于此，未或不亡，矧咸有之，不亡何待！静而思之，足以为万代之炯诫也。

品读戏剧语言，探究戏剧人生

——《玩偶之家》教学设计

柳天啸

一、学习目标

1. 比较课本中的戏剧作品，分析不同戏剧语言的表现作用。

2. 研读《玩偶之家》戏剧台词，探究戏剧人物的丰富内心世界，深入分析人物形象。

3. 比较阅读《玩偶之家》与《伤逝》，对比作品中展现的女性视角，以戏剧语言书写个人思考。

二、课堂情境

戏演悲欢离合，剧显人间百态。戏剧是文化殿堂中别具魅力的瑰宝，为更好地体验戏剧，学校开展了"戏剧文化艺术节"系列表演创作活动。

三、具体任务

任务一：初步感知

1. 课前任务：阅读《玩偶之家》（节选），对比分析它与《哈姆莱特》《雷雨》《茶馆》在戏剧语言上的异同点。

示例：

	戏剧语言特点
《玩偶之家》	二人对话为主，台词较长
《哈姆莱特》	独白较多，人物台词以长段为主，语言华丽
《雷雨》	台词简短，潜台词丰富
《茶馆》	京味浓郁，人物台词简短

2.思考：为什么不同的戏剧采用了不同的语言形式和风格？

讨论明确：戏剧语言服务于戏剧类型。《玩偶之家》聚焦两个人物的矛盾冲突，表现人物的内心转变过程，所以采用对话式的长台词。《哈姆莱特》倾向于表现哈姆莱特的内心冲突，所以以长段的独白为主，繁复华丽的台词也更符合人物性格和时代特点。《雷雨》简短而意蕴丰富的台词更符合周朴园和鲁侍萍的性格和情感表现。《茶馆》简短的台词更能生动地刻画群像人物，凸显人物的个性。

任务二：深入品读

匈牙利文艺批评家卢卡契曾赞扬易卜生"写出了也许是最为完美的对白"。戏剧语言包含舞台说明和人物对白，可以从个性化、动作性和潜台词三方面进行评价。

活动一： 舞台说明中蕴含的人物心理。

舞台说明是剧本中的说明性文字，包括人物表、剧情背景以及人物的表情动作等。请根据《玩偶之家》中的舞台说明，用思维导图梳理人物的态度变化过程。

示例：

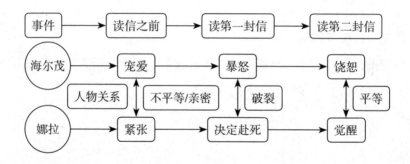

总结：舞台说明随着情节的几次突转发生变化，如娜拉的舞台说明（搂着他脖子—态度越来越冷静—她在桌子一头坐下—满不在乎），反映了她的态度从依赖向冷静转变。

活动二：人物对白中隐藏的立场交锋。

人物对白具有个性化和动作性的特点，同样随着情节的突转而变化。阅读《玩偶之家》第三幕，找出对白语言的变化，探究语言变化中蕴含的人物心理。

提示：可以从语言特点出发，如句段长短、语气、称呼词等。

明确：

句段长短	第一封信后娜拉语言简短，第二封信后娜拉语言变多变长
语气	海尔茂以疑问和感叹语气为主，娜拉第二封信后出现疑问语气
称呼词	小鸟儿、小东西、小宝贝儿、小娜拉——坏东西、伪君子

1. 从句段长短角度看，如何理解娜拉在接到第一封信和第二封信后的语言变化？

明确：第一封信，海尔茂长篇大论，娜拉语言简短，对话篇幅的对比揭露了海尔茂自私虚伪的性格，也表现了娜拉过往甜蜜梦境的破裂。她一开始简短的语言源于对海尔茂的期待，她一心为丈夫的声誉牺牲自己，也认定丈夫会阻拦她、保护她，之后简短的语言则预示她的逐渐清醒和情绪的积累酝酿，在海尔茂的长篇谩骂中，她不断意识到眼前人的虚伪的本质。第二封信，娜拉在对话篇幅上开始与海尔茂势均力敌甚至隐隐超过，这暗示着日常失语的娜拉重新掌握了自己的话语权。

2. 对比海尔茂前后出现的疑问语气，是否完全一致？

"你不爱听！难道我不是你丈夫？"

"现在你明白你给我惹的是什么祸吗？"

"难道你不明白你在自己家庭的地位？"

"娜拉，你永远不会再想我了吧？"

"咱们俩都得改变到什么样子——？"

明确：前期海尔茂的语气多为不需要娜拉回答的反问句，反映了二人地位的不平等，海尔茂在对话中占据主导者地位。后期娜拉也出现了疑问语气，对海尔茂的权威和社会制度勇敢地进行拷问，海尔茂的语气则从斩钉截铁的反问语气逐渐变为不确定的疑问语气，主导性话语逐渐式微，二人在对话中的地位悄然发生改变。

3. 海尔茂前后的称呼语变化是否过于突然？

明确：前期的称呼语反映出海尔茂只将娜拉视作豢养的宠物，多次出现的称呼语前缀"我的"显示了海尔茂对妻子的所有权。后期称呼语的变化是因为海尔茂在看到信的瞬间只想到了自己的声誉和前途，因此才会勃然大怒。他对娜拉的刻薄羞辱和前期的甜言蜜语形成了巨大反差，暴露了他虚伪自私的面孔，也反映出他从未将娜拉视作平等的伴侣。

活动三：潜台词中显现的丰富意味。

剧本研读会：分组研读下列台词节选部分，做好批注（如潜台词解读、表演动作等），并进行演绎展示。

示例1：

娜拉：阮克大夫，祝你安眠。

娜拉知道阮克大夫病入膏肓，是来向他诀别的。

娜拉：你也应该照样祝我。

娜拉此时已经做好赴死的准备。语气应低沉悲伤。

示例2：

海尔茂：不用装腔作势给我看。（把出去的门锁上）我要你老老实实把事情招出来，不许走。你知道不知道自己干的什么事？快说！你知道吗？

娜拉：（眼睛盯着他，态度越来越冷静）现在我才完全明白了。

娜拉明白了丈夫的虚伪，明白了自己的卑微，也明白了他们畸形的婚姻关系，"明白"一词中包含了丰富的意味，可以读出悲痛，也可以读出理性、坚定。

示例3：

娜拉：我满心以为你说了那句话之后，还一定会挺身出来，把全部责任担在自己肩膀上，对大家说，"事情都是我干的。"

海尔茂：娜拉——

从下文可知，海尔茂未说出口的话是："娜拉你太天真了，娜拉你不能让我牺牲名誉"，表演时要读出他高高在上的语气。

引申讨论：剧本"A Doll's House"翻译为"玩偶之家"，是否准确？

明确："玩偶之家"译为"A Doll's Family"。"House"指房子，更能表现娜拉与海尔茂家庭的形同虚设，"Family"指家庭，则是在讽刺娜拉过去沉浸于家庭的假象之中。

总结：潜台词蕴含在词语和句段中，向我们提示了丰富的信息，帮助我们走进人物内心，了解剧情发展的具体脉络。

任务三：以戏剧语言书写思考

任务内容请见导学案。

四、课堂总结

戏剧语言是通往戏剧核心的通道，在对戏剧语言个性化、动作性、潜台词等特点的品读中，我们能够走入人物内心，触摸情感的变化，感知情节的突转，把握作品的主题。《玩偶之家》主要通过两人的对白变化，生动地刻画了娜拉从懵懂走向觉醒的过程，也揭露了海尔茂冠冕堂皇的话语后面的假面，赋予了"玩偶"一词更深刻的内涵：海尔茂和娜拉二人看似对立，实则都是父权话语体系和畸形家庭关系中的"玩偶"。

 附

《玩偶之家》导学案

一、知识链接，走进易卜生

易卜生，挪威剧作家。1828年3月，生于挪威希恩小镇的一个富足家庭。1936年，父亲破产。

1848年开始写作。早期剧作以挪威的民间传说、英雄传奇和中世纪历史

为题材，表现民族统一的爱国思想和民主意识，主要有《厄斯特洛的英格夫人》《觊觎王位的人》等。

1877年后发表社会问题剧《社会支柱》《玩偶之家》《群鬼》和《人民公敌》，以尖锐的批判精神和写实技巧，剖析社会弊端，触及法律、宗教、道德、政党、妇女地位等资本主义社会问题，主张通过道德的自我完善和个人的"精神反叛"来改造社会。

二、戏剧语言知多少

课前任务：阅读《玩偶之家》（节选），对比分析它与《哈姆莱特》《雷雨》《茶馆》在戏剧语言上的异同点。

	戏剧语言特点
《玩偶之家》	
《哈姆莱特》	
《雷雨》	
《茶馆》	

三、品读戏剧语言

1. 舞台说明中蕴含的人物心理。

请找出《玩偶之家》中的舞台说明，用思维导图梳理人物的态度变化过程。

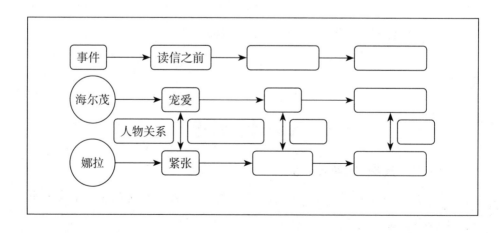

2. 人物对白中隐藏的立场交锋。

阅读《玩偶之家》第三幕，找出对白语言的变化，探究语言变化中蕴含的人物心理（可以从语言特点出发，如句段长短、语气、称呼词等）。

3. 潜台词中显现的丰富意味。

剧本研读会：分组研读下列台词节选部分，做好批注（如潜台词解读、表演动作等），并进行演绎展示。

（1）娜拉：阮克大夫，祝你安眠。

阮克：谢谢你。

娜拉：你也应该照样祝我。

（2）海尔茂：你这坏东西——干的好事情！

娜拉：让我走——你别拦着我！我做的坏事不用你担当！

海尔茂：不用装腔作势给我看。（把出去的门锁上）我要你老老实实把事情招出来，不许走。你知道不知道自己干的什么事？快说！你知道吗？

娜拉：（眼睛盯着他，态度越来越冷静）现在我才完全明白了。

（3）娜拉：我满心以为你说了那句话之后，还一定会挺身出来，把全部责任担在自己肩膀上，对大家说，"事情都是我干的"。

海尔茂：娜拉——

4. 以戏剧语言书写思考。

《玩偶之家》和《伤逝》两部作品都聚焦于女性遭遇，却描画了两位女性不同的结局，为何同样的女性主义觉醒却导向不同的人生选择？如果娜拉和子君相遇，会展开怎样的对话？请结合个人思考，创作小剧本。

要求：①人物台词符合戏剧语言特点。②可以在剧本中加入第三个角色。

微镜头下的城市

——《望海潮》《扬州慢》联读教学设计

梁翰晴

一、学习目标

1. 立足"1+X"的统编教材阅读理念，以拍摄微视频的情境串联两首词，以"都以城市为表现对象"为联结点，强化学生对意象与情感的品位。

2. 梳理两首词的思路，品味宋词的语言特色，体会语言的音律美和典雅美。

3. 加深对"城市人文属性"的体认。

二、课堂情境

近些年，文化工作会议经常指出"要让千年宋韵成为江南最具标志性的文化名片"。近期，扬州与杭州要参加"微镜头下的宋韵"微视频制作大赛，想以《望海潮》和《扬州慢》为蓝本，为宋代的杭州与扬州各拍一个微视频。

三、具体任务

任务一：配音频，城市印象

要拍摄微视频，首先要有合适的背景音乐，我为大家准备了两个配乐，请大家欣赏，说说你认为《望海潮》《扬州慢》各适合哪一个。

示例：高亢适合《望海潮》，低沉适合《扬州慢》

请大家推荐一男一女两位播音员，配乐朗诵两首词。

总结：如果要为两段视频选择色调的话，你觉得哪个适合暖色调，哪个适合冷色调？

示例：杭州适合暖色调，扬州适合冷色调。

任务二：品镜头，感知意境

活动一：找镜头。

1.微视频开拍，你将用哪些镜头来表现两座城的繁华与空寂？

示例：烟柳、画桥、风帘、翠幕、十万人家、云树、堤沙、怒涛、天堑、珠玑、罗绮、叠𪩘、桂子、荷花、羌管、菱歌、钓叟、莲娃、高牙、箫鼓、烟霞来表现杭州的繁华，荞麦、废池、乔木、清角、二十四桥、冷月、红药来表现扬州的空寂。

2.两首词中的景物构成了意象群，它们各有什么特点？

点拨：有很多意象可以拆分成一个形容词和一个名词的格式。

示例：杭州——壮美，扬州——凄清。

图表总结呈现：

	镜头（意象）	特点（意境）
繁华	烟柳、画桥、风帘、翠幕、十万人家、云树、堤沙、怒涛、天堑、珠玑、罗绮叠𪩘、桂子、荷花、羌管、菱歌、钓叟、莲娃、高牙、箫鼓、烟霞	壮美 富丽
空寂	荞麦、废池、乔木、清角、二十四桥、冷月、红药	凄清 悲凉

活动二：析镜头。

1.小组讨论：我们在拍摄时发现柳词意象繁多，感觉略显杂乱，能否进行分类？

讨论明确：《望海潮》可整理成三幅图。

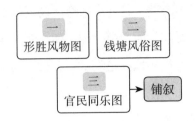

拓展：微视频制作手法——切换、蒙太奇。

小结：描写自然景色的意象和描写人文风情的意象进行交叉组合，避免了呆板黏滞。柳词的意象虽然繁多，但通过铺叙，条理清晰地统摄在"繁华"之下。一个人，一座城。柳永道尽杭州繁华。

过渡：杭州繁华，那么扬州呢？实际上，扬州在历史上也是很繁华的城市。请大家齐声读一读。

腰缠十万贯，骑鹤下扬州。

故人西辞黄鹤楼，烟花三月下扬州。

天下三分明月夜，二分无赖是扬州。

夜市千灯照碧云，高楼红袖客纷纷。

那么繁华的扬州，从姜夔的词中能找到佐证吗？——"春风十里""青楼梦好"。

这些句子是谁写的？——杜牧。

杜牧的诗中，总少不了美女的身影——扬州、商业之都、销金窟、风流地。而对于落魄的杜牧来说，扬州不仅是繁华的标志，更代表一种温情，是中国文人的精神家园与灵魂疗伤之地。

2. 自读自考：在拍摄《扬州慢》时，是否把"春风十里""青楼"两个镜头放进去？请自由朗读PPT上杜牧的诗，与原文对比。

明确：还是放入更好，这是虚实相生的手法。

结语：如果说，柳词可以分为三幅图，姜词就可以分为两幅：春风十里图、空城萧条图。

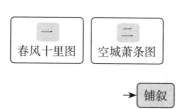

我们的微视频已经找好了镜头，在对镜头作了细致分析后，知道了哪些地方该进行蒙太奇处理。到这里，我们微视频的文案策划已经接近完成。请看策划图。

	主基调	背景音乐	镜头	特点	情感
望海潮	繁华	高亢	风物 风俗 同乐	壮美 富丽	
扬州慢	空寂	低沉	春风十里 空城萧条	悲凉 凄清	

任务三：抒写——城市记忆

跟随着微视频镜头的层层铺开，我们看到了"自古繁华"的杭州，而在虚虚实实之间，我们也领略了从繁华到空寂的扬州。繁华与空寂，都是城市的记忆。冯骥才说："城市和人一样，也有记忆。一代代人创造了它之后纷纷离去，却把记忆留在了城市中。"

1. 作者心语：城市的记忆，也是人的记忆。微视频以柳永和姜夔的视角来创作，镜头也染上二人的情感色彩。让我们进入他们的记忆，将视频制作得更精致。知人论世，请大家说说柳永和姜夔在写词时的情感。

点拨：柳永为什么那么费力写人民安居，还写官民同乐呢，甚至还写官员风雅？

明确：柳永写的是干谒诗。北宋时代的柳永，笔下的杭州是他内心的反映，反映了士大夫积极进取的精神追求。我们不应该只看到表面繁华。

姜夔写的是怀古伤今之作。眼前的破败让他怀念起杜牧时代的晚唐风流，与"黍离之悲"熔铸在一起，字字泣血，展现了士大夫的家国情怀。

总结：城市，总是在繁华与空寂的交替中向前发展。柳永与姜夔，其实只是经历了城市历史的一个片段，柳永经历了繁华，而姜夔经历了空寂。这样的经历投射到文学作品中，就变成了艺术创作的两大式样——欢歌与悲吟，它也可以是微视频的两大风格。

2. 投票：我们的微视频已经入围决赛。假如你是评委，请你为两个作品投票，说说你更喜欢哪种表达？请同学举手表决。

总结：本节课我们虽然讲两座城市，但实际讲的是一座城的前世今生。每个城市都既有繁华又有空寂：杭州如此，扬州如此，南京如此，北平亦是如此。文人创作时的情感是不同的，一如柳永的意气风发，姜夔的黍离之悲，但相同的正是对这座城市历史的尊重与体认。城市，不仅是地缘意义上建筑物的集聚，更是文人墨客们记忆的抒写与叠加。城市，更是一种文化符号。

四、课堂总结

"1+X"是统编教材的阅读理念，以此方式可以进行同主题、同题材、同体裁文本，不同作者、不同风格的比较阅读。比起单篇精读教学，比较阅读有助于学生形成关联、迁移、类比、贯通式的思维，形成文学眼光，提高文化视野。统编教材高中语文选择性必修下册第一单元将《望海潮》《扬州慢》两首宋词编写在一起，连接点是"都以城市为表现对象"，体现了教材编写理念。

本设计采用比较阅读的方式，从抒写内容、表达手法、情感主题等方面，赏析比较这两首词，实现文本聚合、任务聚焦、能力聚积，进而探讨古诗词学习的当下价值和意义的目的。

 附

《望海潮》《扬州慢》联读导学案

一、知识链接，知人论世

1. 柳永生平

柳永出身官宦世家，少时学习诗词，有功名用世之志。咸平五年

（1002），柳永离开家乡，流寓杭州、苏州，沉醉于听歌买笑的浪漫生活之中。大中祥符元年（1008），柳永进京参加科举，屡试不中，遂一心填词。景祐元年（1034），柳永暮年及第，历任睦州团练推官、余杭县令、晓峰盐碱、泗州判官等职，以屯田员外郎致仕，故世称"柳屯田"。柳永是第一位对宋词进行全面革新的词人，也是两宋词坛上创用词调最多的词人。柳永大力创作慢词，将敷陈其事的赋法移植于词，同时充分运用俚词俗语，以适俗的意象、淋漓尽致的铺叙、平淡无华的白描等独特的艺术个性，对宋词的发展产生了深远影响。

2. 姜夔生平

姜夔，南宋文学家、音乐家，被誉为中国古代十大音乐家之一。

少年孤贫，屡试不第，终生未仕，一生转徙江湖，靠卖字和朋友接济为生。他多才多艺，精通音律，能自度曲，其词格律严密。其作品素以空灵含蓄著称，姜夔对诗词、散文、书法、音乐，无不精善，是继苏轼之后又一难得的艺术全才。姜夔词题材广泛，有感时、抒怀、咏物、恋情、写景、记游、节序、交游、酬赠等。他在词中抒发了自己虽然流落江湖，但不忘君国的感时伤世的思想，描写了自己漂泊的羁旅生活，抒发自己不得用世及情场失意的苦闷心情，以及超凡脱俗、飘然不群，有如孤云野鹤般的个性。姜夔晚居杭州西湖，卒葬西马塍。

二、初读宋词，总体感知

1. 结合《望海潮》和《扬州慢》，思考微视频拍摄时该从哪里切入？

2.《望海潮》《扬州慢》微视频制作策划案

	镜头（意象）	特点（意境）	情感
望海潮			
扬州慢			

流淌在山水田园里的艺术心灵

——《兰亭集序》《归去来兮辞并序》联读教学设计

余幼幼

一、学习目标

1. 了解《兰亭集序》和《归去来兮辞并序》的写作背景，体会作者在文中的情感。

2. 熟悉课文，绘制思维导图，把握作者的情感脉络。

3. 结合魏晋时代特有的社会现象，深刻感悟两位作者对生命的哲思，探讨作者对生死的感悟。

二、课堂情境

"花香何及书香远，美味怎比诗味长？"阅读经典，感悟人生，在"4·23世界读书日"到来之际，举办一场"经典阅读与人生感悟"主题研讨会。

三、具体任务

导入：号称"天下第一行书"的《兰亭集序》、"魏晋孤文"（欧阳修语）的《归去来兮辞并序》，在文学经典上堪称双绝，流传千古，历久弥远。他们在山水田园之中融入自己对人生和宇宙的思考，发人深省，今天我们来探究其中闪耀千古的思想意蕴。

任务一：探究"归之因"

《归去来兮辞并序》"眷然有归欤之情。何则？质性自然，非矫厉所得"。作者为什么会"眷然有归欤之情"呢？

提示：

（1）归之乐。

"舟遥遥以轻飏，风飘飘而吹衣。"——轻松惬意

"问征夫以前路，恨晨光之熹微。"——归心似箭

"乃瞻衡宇，载欣载奔。僮仆欢迎，稚子候门。三径就荒，松菊犹存。携幼入室，有酒盈樽。"——欢快愉悦

"引壶觞以自酌，眄庭柯以怡颜。倚南窗以寄傲，审容膝之易安。"——自得舒畅

（2）归之根本原因："质性自然，非矫厉所得。"

恰逢程氏妹丧，但妹丧无须服孝，不能成为辞官之理由，若不想辞官，可在服丧之后再回彭泽。所以说，妹丧只是促成他立即辞官的理由而已。

陶渊明自语"质性"，质性，天性，天资。"自然"，自然而然，以自己的本来面貌存在，依靠自己固有的规律生活，无须外在的条件或力量。"矫厉"，勉励磨炼。"得"，及。

他在官场上深感"心为形役""惆怅而独悲"。"至于不为五斗米折腰、程氏妹丧，皆是近因。违己与顺己，乃是两种不同人生态度，渊明之终归田里，顺己而已。"（袁行霈《陶渊明集笺注》）

任务二：探究"归之处"

"归欤"，回去吧，回去哪里呢？陶渊明围绕"归"字表达了自己的丰富情感，请用思维导图来展示作者归向何处。

提示：

（1）归途→归园→归田→归尽

（2）归来之意↖　↗归向田园

　　　归来途中←归→归向心灵

　　　　　　↘归向自然

阐释：

第一层是归来之意，陶渊明在文中表达了自己想要迫切归来的心情，归来途中兴奋至极，他要归向的是田园，是自己的房舍、自己的宅院。第二层意思是归向心灵，他自语"质性自然"，天然如此，受不得约束，不愿被官场束缚。第三层是归向自然，与自然融为一体。

出示资料：

"返自然"相应也包含两个层面：一、回到自己"日梦想"的田园，这就是他在其组诗第一首中如数家珍地罗列的"地几亩，屋几间，树几株，花几种，远树近烟何色，鸡鸣狗吠何处"；二、回归到自己生命的本真性，摆脱一切官场应酬、仕途倾轧、人事牵绊，"相见无杂言"则于人免去了俗套，"虚室绝尘想"则于己超脱了俗念，"守拙"则去机心而显真性。

（戴建业《澄明之境：陶渊明新论》）

任务三：探究归之别

质疑1：陶渊明的"归"向自然之乐和王羲之的自然山水之中雅集之乐有何不同？

提示：陶渊明与自然化为一体，没有内外之分，诗人自己就是大自然的一部分。

王羲之以一个外在的视角观看欣赏大自然，天朗气清，惠风和畅，群贤毕至，少长咸集，自然之美，朋友相聚于美景之中，心情愉悦，这是一种欣赏之乐，一种相聚之乐。"所以游目骋怀，足以极视听之娱"，这是一种忘怀自我之乐。从眼前延伸到天地宇宙间，高阔邈远、物类繁盛，让精神回归到自然之中，获得生命的意趣。

质疑2：然而曲水流觞之乐并非作者的真正意图，王羲之很快沉浸到对暂与久、悲与欢、生与死等问题的思考中。王羲之的生死观体现在："固知一死生为虚诞，齐彭殇为妄作。"有人认为这表明了王羲之对生命非常珍惜，你怎么看？

提示：①同意。他批判"一死生""齐彭殇"，珍惜生命，及时行乐的逍遥自在。②不同意。王羲之在"畅叙幽情"之欢乐图景后笔锋一转，将话题引申至伤感人生苦短和欢乐不再，感叹韶华易逝，人生易老。"况修短随化，终期于尽。"表现在死面前只能听天由命、无能为力的悲伤，并发出悲叹"岂不痛哉"。生活在江南这个秀丽的风景里，让人更加有对生的留恋、对死的畏惧和人生苦短、世事无常、命运难测的深深遗憾与痛惜之情。作者的情感由乐而痛，由痛而悲，"信可乐也""岂不痛哉""悲夫"。

出示资料："死生亦大矣"出处。

（1）仲尼曰："死生亦大矣，而不得与之变；虽天地覆坠，亦将不与之遗。审乎无假而不与物迁，命物之化而守其宗也。"（《庄子·德充符》）

（2）仲尼闻之曰："古之真人，知者不得说，美人不得滥，盗人不得劫，伏戏、黄帝不得友。死生亦大矣，而无变乎己，况爵禄乎！"（《庄子·田子方》）

提示：

（1）孔子说：死和生是一件大事情，王骀（与孔子同时期的教育者，学生比孔子还要多）是得了道的人，世间的生死变化都与他没有关系了。即使天地覆灭，他也可以超然独立于天地之外。"审乎无假"，不需要假借一切东西，不会随外物的变化而变化。"守其宗"，这个"宗"是道，是内心的一种坚守。

（2）孔子说：古代有真人（孙叔敖），聪明的人说服不了他，美色迷不了他，强盗也斗不过他，就算是伏羲、黄帝也高攀不了和他做朋友。死和生也是一件很大的事情，也不能够影响他，更何况是富贵贫贱这样的得失呢！

这两处"死生亦大矣"都是庄子借助孔子来说的，表明了在死和生这件大事情上，儒家和道家的想法在某种意义上是一致的。在儒家看来，虽然生命是有限的，但精神的追求可以超越有限达到无限的永恒状态，赞赏的是春秋时期教育家王骀和楚国令尹孙叔敖能够坚守自己、坚守仁义，不为死而动摇自己的追求。庄子借此表达的是得"道"的王骀、孙叔敖面临死亡的威胁时仍不随之改变的一种"无所待"的状态。

王羲之在这里表达了自己的矛盾的情感。一方面，他有立功不朽的追求，认为庄子所说的"一死生为虚诞，齐彭殇为妄作"，批判了当时士大夫

们虚无的想法，认为生就是生，死就是死，这是不能够等同对待的。在理性层面，觉得自己应当有所作为。另一方面，在东晋这个混乱的时代，士大夫们无法有所作为，想作为而不能，欲超脱而不得。真是千古同悲！

质疑3：陶渊明在书写自己回归田园、重返自然的欢愉之中，"悦亲戚之情话，乐琴书以消忧"。一"乐"一"忧"，对比鲜明。有琴有书，自然是非常快乐的，但以"琴书"来"消忧"，这里就流露出他的忧愁来。那么，我们不得不追问，他的忧愁是什么呢？作者用了一个表目的作用的"以"，正表明了琴书之乐并非作者的追求和目的，而是一种手段，一种"消忧"的手段。请结合文中的内容谈谈自己的理解。

提示：

（1）一忧生计。"余家贫，耕植不足以自给。幼稚盈室，瓶无储粟，生生所资，未见其术。"陶氏一家本就穷，孩子又多，为官仅八十余日，薪酬自然不多，辞官之后，衣食成问题。

归去之忧，其实远不止这些。火灾、水灾、旱灾、虫灾。"饥来驱我去，不知竟何之。行行至斯里，叩门拙言辞。主人解余意，遗赠岂虚来。"（陶渊明《乞食》）

"夏日长抱饥，寒夜无被眠。"（陶渊明《怨诗楚调示庞主簿邓治中》）

"倾壶绝余沥，窥灶不见烟。"（陶渊明《咏贫士》）

（2）二忧寂寞。"景翳翳以将入，抚孤松而盘桓。"一个"孤"字，道出"古来圣贤皆寂寞"，日落之时，徘徊沉醉其中，流露出一种寂寞孤单之感。但是陶渊明坚持自我，以松自喻，象征一种自我坚守的境界。

（3）三忧无奈。"归去来兮，请息交以绝游。世与我而相违，复驾言兮焉求？"规劝自己，归去也表明自己与世界相违背的无奈之举。

（4）四忧生命。"善万物之得时，感吾生之行休。"——可以看出他的忧愁来自生命本身的思考。不断劝说自己，"已矣乎！寓形宇内复几时？曷不委心任去留？胡为乎遑遑欲何之？富贵非吾愿，帝乡不可期。"看来，陶渊明内心并不是只有归去之乐，还在"遑遑"之中。

我们常说陶诗平淡是他质性自然的一部分，罗宗强则看出他所潜藏的不平之气。

出示资料：

《自祭文》结尾的这两句话，其实是一条通向他内心深处的隐约小径，循此以往，我们不唯可窥知他旷达、静穆的心境背后，有多么浓重的苦恼与悲伤，而且可以窥知他写《挽歌》与《自祭文》的更深层的动机。他是怀着对于人生的深深遗憾或者不满，甚至愤慨才起了自挽自祭的念头的。他一生始终为现实人生的不如意事所纠缠，他的超越只是暂时的。（罗宗强《玄学与魏晋士人心态》）

质疑4：可以说，愉悦是陶渊明情感的外壳，孤独忧愁是他情感的内核。在这种复杂情感的交织中，他有没有得到解脱？

提示：从陶渊明的生死观"聊乘化以归尽，乐夫天命复奚疑"可见出他的豁达从容，完成对自己的超越。"化"，即变化，所指称的为自然、宇宙、造化，主要突出了它们变化不已、永恒运转的特点。自然如此，人也应当效法自然。他以旷达的处世态度，从容淡定，走向生命的本真。

质疑5：同为魏晋名士，为何对生命的理解有如此不同。

提示：人生轨迹、家世背景不同。

王羲之出身晋代名门望族，身世显赫。当时位高权重的士族大官僚王导是他堂伯父。然而生不逢时，在北方游牧民族的强劲攻击下，晋朝王室和贵族被迫渡江南迁，偏安一隅，后几次北伐均大败而还，伤亡惨重。但他在官场中栖身几十年，直到永和十一年（355）50岁时才称病去官。这几十年宦海沉浮之后，去官"与道士许迈共修服食，采药石"，未能摆脱生命短暂、人生得失之忧虑。

陶渊明父辈虽是小官但已没落，他为"大济苍生"和口腹之忧进入仕途，在断断续续的仕途生涯中最后因不愿被束缚，欣然辞官，摆脱外在束缚，归向田园，归向自然，亲自耕种，与田园生活真正融为一体，身心愉悦。

四、课堂总结

王羲之纵情山水，叹死生之至大；陶渊明辞官归乡，欲乘化而归尽。从

雅集欢会、山水田园中，他们领悟到各自不同的生命哲理。在今天的经典探讨中，我们发现他们并非"英雄所见略同"，在山水田园里安放的是两颗不同的艺术心灵，让我们重新思考人生的意义。

 附

《兰亭集序》《归去来兮辞并序》导学案

一、知识链接

1. 王羲之《兰亭集序》

《兰亭集序》被誉为"天下第一行书"，是中国文学和书法上的"双璧"，是我国东晋文学家、书法家王羲之的代表作。王羲之，有"书圣"之称，历任秘书郎、宁远将军、江州刺史，后为会稽内史，曾任右军将军，人称"王右军"。他从小师从当时著名女书法家卫夫人学习书法，以后博采众长，兼善隶、草、楷、行各体，自成一家。在晋穆帝永和九年（353）农历三月初三日，王羲之与当时的名士谢安、孙绰、许询及王羲之之子献之、凝之等文人墨客在会稽兰亭修禊雅集。王羲之、孙绰等人当场赋诗，编辑成《兰亭集》，王羲之为此集作了一篇序，共324字，就是流传至今的经典之作《兰亭集序》。

2. 陶渊明

陶渊明，名潜，字元亮，私谥靖节，世称靖节先生。浔阳柴桑人。东晋末至南朝宋初期人。曾任江州祭酒、建威参军、镇军参军、彭泽县令等职，他是中国第一位田园诗人，被称为"古今隐逸诗人之宗"。

二、初读文本，梳理情感

1.《归去来兮辞并序》"眷然有归欤之情。何则？质性自然，非矫厉所得"。作者为什么会"眷然有归欤之情"呢？

2. "归欤"，回去吧，回去哪里呢？陶渊明围绕"归"字表达了自己的丰富情感，请用思维导图来展示作者归向何处。

《归去来兮辞并序》"归"向何处思维导图：

三、细研经典，探究情感

1. 陶渊明的"归"向自然之乐和王羲之的自然山水之中雅集之乐有何不同？

2. 两人的生死观是什么，哪个句子体现了他们的生死观，请摘录出来，并作阐释。

3. 同为魏晋名士，陶渊明和王羲之的生死观为何如此不同？